Nova Teoria do Mal

Nova Teoria do Mal

Ensaio de Biopolítica

Miguel Real

3.ª edição

Título: *Nova Teoria do Mal*
© 2011, Miguel Real e Publicações Dom Quixote
Edição: Maria do Rosário Pedreira

Este livro foi composto em Rongel,
fonte tipográfica desenhada por Mário Feliciano

Capa: Joana Tordo
Paginação: Henrique Pereira
Impressão e acabamento: Eigal – Indústrias Gráficas, S.A.

1.ª edição: Fevereiro de 2012
3.ª edição: Julho de 2012
Depósito legal n.º 346 850/12
ISBN: 978-972-20-4895-8
Reservados todos os direitos

Publicações D. Quixote
Uma editora do Grupo Leya
Rua Cidade de Córdova, n.º 2
2610-038 Alfragide – Portugal
www.dquixote.pt
www.leya.com

O autor escreve de acordo com a antiga ortografia.

*Para a Filomena,
o David e a Inês,
um imenso, imenso amor e
um imenso obrigado*

*Para Marcello Duarte Mathias e Paulo Borges,
senhores de um pensamento errante*

APRESENTAÇÃO 11

A ORIGEM DO MAL

1. Corpo – mente 29
2. Corpo – mente – espírito 31
3. A origem do mal 34
4. O espírito e a alma 39

A HISTÓRIA DO MAL

1. O homem e o ser: o labirinto 45
2. O mal e a divindade cristã 48
3. O mal e a filosofia clássica 52
4. História filosófica do mal 57

O MAL E DEUS – A FASE INFANTIL E BÁRBARA DA HUMANIDADE

1. Deus é um «flatus vocis» 77
2. Nova fase da história da humanidade 88
3. Mal e deus 93

TEORIA DO MAL E DA FELICIDADE

1. O mal: princípios 101
2. O mal não é um mistério 107
3. O bem: princípios 109
4. O dever moral 113

5. A angústia	118
6. A política	120
7. A justiça	122
8. O Estado	125
9. A maledicidade	129
10. Ser ontológico e ser moral	142
11. A felicidade	144

ÉTICA DO MAL E MORAL DO BEM

1. Ética e moral	149
2. A moral	152
3. O mal moral	157
4. O bem moral absoluto	158
5. O mal	158
6. A liberdade	159

A TOLERÂNCIA

1. O progresso moral	167
2. O soberano bem	172
3. A tolerância	174
4. Contra o indiferentismo	176

CONCLUSÃO 179

ÍNDICE ONOMÁSTICO 187

APRESENTAÇÃO

Escrito ao longo de um ano lectivo nos comboios da linha de Sintra – entre as negras suadas dos serviços de limpeza dos escritórios de Lisboa e as viúvas e os reformados de Rio de Mouro e Cacém, que, lobrigando-me cheio de livros, me pediam digna e discretamente 5 euros para a compra do remédio para o coração –, desconheço o real valor deste livro.
Este é porventura o único livro que escrevi até hoje de que desconheço *em absoluto* a qualidade e as consequências na mente do leitor. Em todos os meus restantes livros, reconheço uma qualidade média, assente numa relativamente boa bibliografia, que, nos romances, enternece a sensibilidade do leitor e, nos ensaios, força o especialista a pensar. Neles não detecto nem a mediocridade (ou a vulgaridade) nem a genialidade – apenas uma linha mediana que atribui ao esforço do

autor suficiente dignidade intelectual, furtando-o à ostentação própria da futilidade e da grandeza talentosa.

Deste livro, porém, como disse, desconheço a qualidade e as previsíveis consequências. Mas conheço a sua origem – a revolta moral contra o estado de vida degradado, autenticamente terceiro-mundista, de mais de 2 milhões de habitantes de Portugal.

Não podia encarar grande parte da classe política que nos governa desde meados da década de 1980 sem encontrar nos seus olhos, na sobranceria das suas atitudes, na prepotência das suas leis (extorquindo dinheiro à população, favorecendo os que mais o têm), no ar enfastiado e enfatuado com que no estrangeiro se referem ao povo português, culpando-o de um atraso cuja responsabilidade só às elites pertence, sem detectar neste conjunto de atitudes uma visível tendência para o mal, um genuíno prazer no mal que iam cometendo lei a lei, carregando-a de impostos governamentais, taxas camarárias, contínuos aumentos de preços de bens essenciais, extorquindo direitos adquiridos, apropriando-se do espaço público, forçando o cidadão a pagar cada pedaço minúsculo do património de todos.

Recentemente, um ministro ofereceu-nos um perfeito exemplo da tese sobre a banalidade do mal de Hannah Arendt. Suportado num documento programático assinado pelo Governo português com instâncias financeiras e políticas internacionais, apresentou um documento legal que, na prática, inibe a possibilidade de um número superior de transplantes nos hospitais públicos, o que significa, segundo uma técnica superior que de imediato se demitiu, que «haja doentes que se podem salvar mas que vão morrer porque o país está em dificuldades económicas» (*Público*, 3/9/11). Ou seja, o ministro, certamente homem de existência a mais normalizada, sem comportamento desviante, de registo criminal impoluto, porventura frequentador dos concertos Gulbenkian ao fim da tarde, o marido mais amoroso, o pai mais extremoso, o crente mais devoto, o colega mais gentil, o cidadão mais pacífico e cumpridor, sente-se habilitado, como Adolf Eichmann, a cometer os actos mais violentos e bárbaros desde que a sua acção se encontre legitimada por um sistema social e político ou uma teoria filosófica ou religiosa – é a «banalidade do mal», prosseguida por homens normais, sem aleijões psíquicos, entorses sociais de infância ou traumas psicanalíticos. A acção deste ministro evidencia-se hoje como a face do mal – homens «bons», no Governo, na direcção de grandes empresas, de grandes instituições, praticam o mal com o à-vontade próprio de quem está praticando o bem. Sabemos como tudo isto vai acabar – todos a pagarem tudo, sustentando um Estado que não retira um por cento aos impostos, pelo contrário, aumenta-os anualmente: pagaremos o Serviço Nacional de Saúde através dos impostos e pagá-lo-emos de novo como «utentes» deste serviço sempre que a ele nos dirigirmos. Dito de outro modo: uma minoria acabará riquíssima, a grande maioria paupérrima, e o Estado, vivendo à custa de ambas, sorvendo dinheiro e mais dinheiro, irá pagando a si próprio os erros de uma ou duas gerações de actuação de políticos medíocres desde meados da década de 1980, todos altamente recompensados pelos seus errados serviços à população que os elegeu. O Estado, assim desgovernado desde há cerca de vinte anos, é hoje ocupado por tais políticos, o maior inimigo dos portugueses. Nada dele há a esperar senão a arte de enganar as expectativas da população. Governo iniciado, logo aumenta impostos pessoais, IVA, transportes, gás e electricidade – como se vê, é, assim, facílimo governar (até eu daria um óptimo político) –, aumentam-se bens essenciais para empresas e população e depois, ingenuamente, com o ar seráfico que os economistas ostentam, pede-se que trabalhemos mais e sejamos mais competitivos. Da classe média, nada se diz porque não existe: padrão específico do Terceiro Mundo, não da Europa.

Portugal é hoje um país sonâmbulo: 600 000 desempregados, 2 milhões de pobres, outros tantos em risco de o ficarem se os apoios do Estado se esvaírem; 4 milhões de analfabetos funcionais; 85 % de pequenas empresas instáveis com menos de dez trabalhadores; uma escala etária em acelerado processo de inversão e uma taxa demográfica de regeneração a rasar o nulo; uma oligarquia político-económica constituída por 50 000 burocratas impiedosos que se apoderaram ferreamente da totalidade das estruturas administrativas do Poder, cujo nível cultural sobre a história de Portugal e comoção sentimental face à pobreza são praticamente inexistentes; um sector imobiliário envelhecido de casas apertadíssimas de duas e três assoalhadas; uma política administrativa que se apoderou de todos os espaços públicos patrimoniais, exigindo subidos pagamentos para a sua frequência; esperas de 4 horas em serviços médicos de urgência e de meses e por vezes anos para uma simples operação, 3 a 4 meses para uma operação de urgência a um cancro, 19 meses de espera para uma consulta de obesidade nos hospitais públicos (*Público*, 5/10/11); subúrbios miseráveis próprios do Terceiro Mundo; um relativismo ético entre os cidadãos que imita a corrupção nos negócios do Estado e a total falta de ética presente na vida de políticos conhecidos, cujo exemplo (i)moral reside no oportunismo partidário e na ocupação desenfreada e terrorista de funções públicas, sacando do Estado o máximo possível em honorários – elite altamente incompetente: uma autêntica mancha podre que infecta a totalidade da vida nacional e corrói a dignidade de qualquer cidadão eticamente nobre. Guiado por esta elite, que se assenhoreou dos postos governativos e dos lugares do Parlamento, meras cabeças de rebanho, totalmente desprovida de cultura e de sentido ético, Portugal não tem outro destino senão seguir as soluções formatadas que fizeram da França, da Itália e da Inglaterra países hoje historicamente decadentes, dos quais nada há a esperar de promissor no futuro.

E o português nada faz, reverencia santamente uma classe política que se encontra no poder há vinte e cinco anos, responsável por erradíssimas opções políticas desenvolvimentistas e de apoio ao consumo que tornaram Portugal um dos países socialmente mais desequilibrados da Europa, ministros de boca cheia de Europa, envergonhados do atraso tecnológico e da pobreza dos seus concidadãos... e Portugal nada faz para contrariar esta situação a não ser as clássicas e esgotadíssimas manifestações trimestrais da CGTP, já integradas no sistema.

Uma classe média instável e uma classe alta constituídas por menos de 500 000 portugueses fazem a economia portuguesa girar, trocam de carro de três em três anos, viajam em auto-estrada, enchem as lojas dos centros comerciais, fazem férias no estrangeiro, vivem no litoral, consomem (poucos) jornais, livros, revistas e espectáculos, inundam as lojas «gourmet» e não frequentam os hipermercados, abarrotados com os dois milhões de pequeno-burgueses que habitam os bairros suburbanos do Cacém, do Seixal e do Valongo, consumindo barato e de fraca qualidade. Meio milhão de portugueses (classe média alta e classe alta) constitui o rosto do nosso subdesenvolvimento, proporcionalmente semelhante ao Brasil (10 milhões de muito ricos para uma população de cerca de 200 milhões), Argentina (um milhão de ricos para cerca de 10 milhões de habitantes) e Índia (menos de 100 milhões de ricos para um bilião e 200 milhões de habitantes). Este, também, o resultado das políticas portuguesas tomadas ao longo de trinta anos, assentes mais na construção e no consumo e menos na formação e na produção.

Contrária à nossa, que não ultrapassa os 15 %, a classe média de um país atinge, na Europa, a proporção de 60 % da população, permitindo, sob o descalabro económico e o decadentismo político, uma vida socialmente normal e um cidadão ilustrado e activo.

A progressiva e acelcradíssima informatização electrónica da sociedade por via de uma ideologia sem rosto nem personalidade, assente exclusivamente no controle e na segurança, e a funda queda demográfica anunciada para meados deste século por via das políticas sociais relativas à família provam a existência de uma profundíssima descristianização de Portugal, de efeitos absolutamente imprevisíveis na criação de uma sociedade futura desprovida de éticas espirituais assentes em valores humanistas, porventura obediente a um totalitarismo tecnocrático e informático, pelo qual os portugueses vindouros abdicarão da liberdade em nome da segurança e da abastança. Desde a década de 1990, o aparelho de Estado, privilegiando exclusivamente um sector da sociedade – a economia –, desprezando fundo os valores morais e espirituais próprios da cultura portuguesa, tem gerado na mente dos portugueses uma representação parcial de si próprios que, incapaz de se elevar à unidade de uma ideologia estruturada e consolidada, se caracteriza pela passividade cívica, compensada por uma hipervalorização do individualismo, assente na fórmula amoral do «salve-se quem puder». Mistura de complexo pombalino com um arreigado individualismo americano, o projecto político português caracteriza-se hoje, no princípio do século XXI, pela exaltação unidimensional do homem técnico, o homem-eficiente, o homem-contabilista, o homem-robótico, desprovido de consciência histórica global, funcionando exclusivamente segundo o duplo horizonte de raciocínios técnicos quantitativos e consequentes objectivos. A classe política recente, posterior à dos fundadores da nossa actual democracia, encarna em alto grau de excelência este tipo de homem. Não são políticos os nossos governantes de hoje, mas economistas (os falsos profetas do século XXI), técnicos, *robots* substituíveis uns pelos outros, possuindo o mesmo vocabulário, aplicando invariavelmente o argumentário da eficiência de custos e proveitos, totalmente desacompanhados de uma dimensão cultural e espiritual para a sociedade.

Grande objectivo de um político que não pensasse para hoje, mas a prazo de 30 anos: envidar todos os esforços económicos, financeiros e educativos para criar e consolidar a grande ausente da história de Portugal – uma classe média que se estendesse a mais de 50 % da população, culta, relativamente abastada, sensata, dotada de opções equilibradas, imune a todos os militantes salvadores do povo e suficientemente inteligente para escapar a todos os espertos da turma que fazem as vezes de ministros.

Apenas a classe média pode assegurar um equilíbrio entre o desenvolvimento e o humanismo. Sem uma classe média forte, liberal nos costumes e solidária na acção social, imune à violência da publicidade sobre as consciências, equilibrada na poupança e no consumo, Portugal será, ao longo do século XXI, um barco sem rumo, donde todos os dias apetece emigrar, exactamente como sucedeu nos dois séculos anteriores.

Bom governo seria hoje aquele que, por múltiplos meios, apostasse em fazer de cada português, não um *robot* técnico de fato cinzento, camisa azul e gravata verde ou amarela (actual fato-macaco do cidadão técnico), que é sempre um cidadão inconscientemente instrumento de cruéis estruturas económicas, mas um homem culto, consciente do seu lugar na sociedade e na história. Portugal precisa menos de um choque tecnológico (experimentado pelo pombalismo, pelo fontismo e pelo cavaquismo, cujas consequências em nada mudaram o nosso ser, limitando-se a uma mera actualização de instrumentos técnicos ao serviço da sociedade civil e do aparelho de Estado) e mais de um choque cultural, elevando cada cidadão a um exigente patamar de conhecimento humanista e cívico que, por arrasto, geraria inevitavelmente o desejado choque tecnológico. Apenas assim seria possível reconduzir o português ao húmus vivencial donde nasceu a sua cultura tradicional, paradoxalmente hoje mais revolucionária do que nunca: os valores da partilha, da solidariedade, a fruição do tempo longo, a participação directa na vida local, fomentadora da autonomia das populações, os sentimentos de cooperação e altruísmo, o sentido transcendente de vida, o valor da palavra justa e recta, valores e sentimentos hoje abafados pela omnipotência do dinheiro (até os alunos foram recompensados do seu esforço intelectual recebendo um prémio em dinheiro, dinheiro directo! – a mais alta perversão dos valores morais que esta indigna actual classe política cometeu), o mercantilismo das relações sociais, a imposição de hierarquias oficiais sem outro mérito que o emblema do Partido ou do clube de futebol, o narcisismo, a vaidade nascida da pretensa superioridade e o servilismo da presumida inferioridade... Primeiro, a cultura, o espírito, o sentido da transcendência histórica; depois, por inevitável arrasto de exigência cívica, o progresso tecnológico. A brutal inversão destes valores pelos recentes governantes evidencia tanto a sua pobreza de espírito quanto o projecto pombalino desumanamente tecnocrático em que se encontram empenhados.

A paisagem que os nossos olhos contemplam reflecte o estado da nossa alma. E a minha anda revoltada. Foi com este sentido de revolta que me vi forçado a escrever este livro sobre o mal. Como não sou político, nem vocação para tal tenho, não escrevi sobre o Estado e a política, mas sobre o fundamento filosófico que confere prazer interior à acção pela qual um homem, situado em centro de poder, humilha outro, extorquindo-lhe direitos – o mal. Como foi possível que deputados, primeiros-ministros, presidentes da república, ministros da economia, do trabalho, das finanças, da agricultura, tivessem feito tanto mal a um país desde finais da década de 90, continuando a ter uma vida pública com um sorriso na cara como se a sua obra tivesse sido boa, premiados com altos cargos em empresas públicas ou privadas numa promiscuidade que faz bradar o pior da política maoísta ou estalinista?

Como é possível que homens reunidos em conselho de administração aumentem impiedosamente o preço do pão, da electricidade, dos transportes, da gasolina – bens absolutamente vitais para a vida de cada português? Serei eu tão ingénuo que ainda possua capacidade de revolta para escrever um livro sobre os atropelos que Portugal tem sofrido enquanto os meus companheiros adultos dormem descansados aplicando os velhos preceitos nacionais «quem tem unhas, toca guitarra» (o *oportunismo*), «em terra de cegos, quem tem olho é rei» (o *espertismo*) e «quem vier a seguir, que feche a porta» (o *indiferentismo*) – três chagas morais que definem correctamente o consulado da geração política que se apossou de Portugal desde finais da década de 80. Hoje, sempre que vos apareça no ecrã da televisão um economista com funções governamentais – não duvideis: eis a face explícita do mal, aquele que levou a Europa à decadência e se prepara para, alegremente, destruir o planeta.

Verdadeiramente, verdadeiramente, a revolta é grande e apetece sair de casa, escrever em todas as paredes e gritar em todas as ruas os conhecidos versos de Jorge de Sena:

> *Roubam-me Deus*
> *Outros o diabo*
> *Quem cantarei*

Nova Teoria do Mal

Roubam-me a Pátria
e a humanidade
outros ma roubam
Quem cantarei

Sempre há quem roube
Quem eu deseje
E de mim mesmo
Todos me roubam

Quem cantarei
Quem cantarei

Roubam-me a voz
quando me calo
ou o silêncio
mesmo se falo

Aqui d'El Rei.

Tão grande é a revolta pelo estado ético de Portugal que, após a escrita deste livro, decidi – para poder escrever e ser feliz – não me preocupar mais com tudo o que acontece no seu interior: a minha Pátria é Sintra, e nada mais, o verde da serra, o azul do mar, o castanho e branco das terras e a doçura das suas gentes. Se no céu há um paraíso, na terra há Sintra. Do resto, território da malícia, dominado por um Estado maquiavélico, nada me interessa.

Como o monárquico Júlio Vilhena confessou à rainha D. Amélia, face a um Estado assim tão desumano e elitista como o nosso, «isto só pode acabar num assassínio ou numa revolução»: acabou nas duas – o rei D. Carlos e o príncipe Luís Filipe foram barbaramente assassinados pela Carbonária e os republicanos e maçónicos implantaram o novo regime em 1910. Esperemos que a juventude portuguesa, exausta e desprovida de esperança num futuro sensatamente exequível no seu país, não siga aqueles exemplos violentos.

Lamento que o leitor não possa sentir o cheiro das camisas suadas das negras minhas vizinhas de comboio, que, como escravas, nos lavam as retretes e aspiram e enceram os nossos corredores, e não possa contemplar o olhar aguado de tristeza, resignação e frustração dos milhares de velhos de Mem Martins e do Cacém que, após uma vida de 40 a 50 anos de trabalho, recebem da comunidade umas parcas 30 moedas de Judas para que não caiam mortos de fome a cada esquina. Lamento. Se eu tivesse tido esse talento, o leitor não precisaria de ler este livro: sentiria e contemplaria sem intermediação a face do mal.

Só males são reais, só dor existe

Só males são reais, só dor existe:
Prazeres só os gera a fantasia;
Em nada imaginar, o bem consiste,
Anda o mal em cada hora e instante e dia.

Se buscamos o que é, o que devia
Por natureza ser não nos assiste;
Se fiamos num bem, que a mente cria,
Que outro remédio há senão ser triste?

Oh! Quem tanto pudera que passasse
A vida em sonhos só. E nada vira...
Mas, no que se não vê, labor perdido!

Quem fora tão ditoso que olvidasse...
Mas nem seu mal com ele então dormira,
Que sempre o mal pior é ter nascido!

Antero de Quental

A ORIGEM DO MAL

1. CORPO – MENTE

1.1. No cérebro humano, existe uma diferença, registada cientificamente, entre o estado biofísico causado pela sensação e pela percepção e os efeitos psíquicos sentidos na consciência.
A um mesmo estado biofísico correspondem efeitos psíquicos diferentes em cérebros diferentes, distinguindo com clareza o corpo da mente. Deste modo, à unidade científica da matéria do cérebro e das suas funções correspondem estados (efeitos) psíquicos diferentes consoante a experiência individual, social e cultural do sujeito.

1.2. Não existe, assim, um monismo bidireccional cérebro-mente (a um estado cientificamente registado no cérebro não corresponde sempre a mesma sensação-sentimento na consciência), nem um dualismo entre cérebro e mente como duas substâncias radicalmente distintas quanto à natureza e função, cujo paralelismo entre sensação real (física, biológica) e acontecimento emergido na consciência seria efeito de um ocasionalismo (Malebranche, Leibniz).

1.3. A diferença de natureza entre registo biofísico e efeito psíquico prova, assim, a existência de um plano transcendental constituído por um sistema lógico e gnosiológico de experiências individuais, sociais e culturais fixadas categorialmente na memória por meio de símbolos (linguagem), leitores e interpretadores das sensações e emoções do quotidiano. É a esta forma ou organização perceptiva da memória, fruto da evolução filogenética da espécie humana, activada pela experiência pessoal do sujeito, que designamos por «mente» ou «razão», nascida entre os pitecantropos *(Homo habilis, Homo erectus, Homo neanderthalensis, Homo ergaster)*. Segundo a terminologia de Kant, a mente ou razão possui, assim, um estatuto transcendental, não dotado de uma natureza imanente ou transcendente.

1.4. A mente retrata e exprime a máxima potência do corpo através do neocórtex. A mente ou razão figura o máximo de biologia que o corpo comporta, produto e efeito do neocórtex, racionalizando a animalidade das emoções.

1.5. A origem da mente/razão reside na passagem entre o *Australopithecus* e o *Homo habilis* há cerca de 3 milhões de anos por via de duas características concatenadas:

a) antecipação dos acontecimentos (previsão da seca; do ataque inimigo, necessidade de caça...)

b) simulação dos acontecimentos (prática de guerra, treino de caça...)

} *Prevenção* dos aspectos ameaçadores da realidade: o *mal*: a escassez, a dor, o sofrimento, a morte

Dito de outro modo, a razão nasce da ordenação pragmática das emoções por via de um cálculo mental – antecipar, simular, prevenir o mal.

2. CORPO – MENTE – ESPÍRITO

2.1. Porém, a relação corpo – mente é insuficiente para explicar:

a) a criação de valores universais;

b) a criação de conceitos universais e de meta-conhecimento sobre conceitos universais (eternidade, infinito, números, letras do alfabeto);

c) a existência de conceitos sem imagem como suporte do significado (ordens, séries, conjuntos, números não naturais).

2.2. Mesmo tendo em conta a metodologia sensata da «navalha» d'Ockam (não multiplicação de entes e conceitos), necessita-se determinantemente de um outro conceito, superior ao de mente/razão, que dê conta da esfera da realidade historicamente designada por «espírito», englobando o campo dos valores, dos conceitos gerais e das teorias universais.

2.3. Designá-lo-emos pelo seu nome tradicional: «espírito.»

2.4. De facto, segundo as teses de Searle, Damásio e Popper, «os cérebros causam mente» (Searle). Ou seja, a mente brotaria/emergeria do e no cérebro, identificando-se com o espírito. Mente e espírito possuiriam a mesma natureza cerebral. A mente identificar-se-ia com a razão e o espírito designaria o campo clássico religioso e filosófico da mente.

2.5. A cultura, o mundo acrescentado à natureza, consistiria numa produção exterior e material da mente, cristalizada em obras espirituais e em instituições sociais, retornadas a esta em forma de costumes do quotidiano (tese continuísta de Popper). O espírito (o «eu», a consciência, o «soi-même», o «self») estatuir-se-ia como a mente pensando-se a si própria, um acto mental de mera introspecção, gerador de reflexão especulativa e metafísica (Damásio).

2.6. A tese dualista e descontinuísta define a posição religiosa clássica – existiria uma alma (ou espírito) acrescida ao corpo, de natureza substancial distinta.

2.7. O espírito, pela tripla natureza do seu campo, é mais do que uma mente a pensar-se a si própria. A distinção entre corpo, mente e espírito é absolutamente necessária para que não se ampute um campo existente da realidade, confundindo-o com as funções de outro campo.

2.8. À natureza transcendental da mente, acresce a natureza transcendental do espírito. Realista, no sentido físico e biológico, existe apenas a consciência sensitiva e perceptiva, fundada no vasto campo das emoções.

3. A ORIGEM DO MAL[1]

3.1. Filogeneticamente, a distinção entre corpo, mente e espírito demarca-se com muita nitidez, como nos dá conta o seguinte quadro:

CORPO		MENTE		ESPÍRITO
PITHECUS (500 cm³)	LINGUAGEM GREGARISMO	PITHECANTROPUS (1000 A 1250 cm³)	LINGUAGEM	HOMO (1400/1500 cm³)
EMOÇÕES		ORIGEM DA RAZÃO		VALORES E CONCEITOS UNIVERSAIS
ANIMALIDADE		SOCIEDADE		HUMANIDADE

3.2. Assim, a mente nasce (vai nascendo) por evolução cerebral (de 500 para 1250 cm³), do *Pithecus (Australopithecus)* ao *Homo erectus*, ao longo de cerca de 3 milhões de anos, por via da utilização das manhas de fuga e defesa dos predadores (urso gigante, javali gigante, tigre-dentes-de-sabre) e dos cálculos-racio-

---

[1] Em recente tertúlia no Centro Nacional de Cultura (Outubro de 2011), Maria Filomena Molder referiu-se de passagem ao conceito filosófico do mal como suspensão do(s) limite(s). É um outro horizonte definidor do mal que daria um outro ensaio.

cínios colectivos de caça, cristalizados em sons fixos, expressores de emoções (origem da linguagem).
O *Homo habilis* extrai o fogo dos raios que incendeiam a floresta, desconhece como acendê-lo ou conservá-lo, usa instrumentos naturais para ataque e defesa e vive em cavernas ou grutas naturais.
O *Homo erectus* torna-se domesticador e criador do fogo, coze os alimentos, usa sofisticadas manhas e instrumentos de caça por si concebidos, cria novo tipo de instrumentos e constrói a sua casa de barro, pedra e folhas.

3.3. O *Australopithecus* é dominado pelas emoções animais, cujos sons correspondentes (gritos) lhe servem de suporte para afugentar, defender-se de ou atacar colectivamente outros seres vivos. Não possuiriam família estável, acasalariam segundo uma hierarquia oriunda dos primatas superiores.
A partir do *Homo habilis*, instala-se (vai-se instalando) a estabilidade nas relações sexuais entre homem e mulher (múltiplas formas de família primitiva), o domínio do fogo leva à perda do pêlo (combustível fácil e perigoso, se tocado por uma faúlha), à diminuição do dolicocefalismo (queixada proeminente, raízes sólidas dos dentes por efeito da carne cozinhada) e à expansão do neocórtex, sobretudo o hemisfério esquerdo, por efeito da mira de caça (triplo cálculo entre a força,

a velocidade ou intensidade e a pontaria da seta, do machado ou da lança de modo a atingir uma presa em movimento). O *Homo ergaster* é, em África, já o *Homo sapiens*.

3.4. Assim, a mente/razão (de 3 milhões a 200 000 anos, do *Homo habilis*, *Homo erectus* ao *Homo neanderthalensis* e ao *Homo ergaster*) nasce, por adaptação analógica:

a) da evolução biológica resultante do neocórtex;

b) da descoberta do controle do fogo;

c) da existência de famílias primitivas estáveis;

d) da existência de abrigos (a casa);

e) do aperfeiçoamento complexo da linguagem.

3.5. Fogo, família, casa, linguagem, efeitos do gregarismo, constituem-se como modos de o homem primitivo resistir ao mal – à escassez de recursos, à dor (violência, doença), ao sofrimento psíquico e moral (perdas) e à morte (totalmente incompreensível a visão de um corpo absolutamente estático).

3.6. Assim, a mente/razão nasce com a consciência do mal e contra este, suavizando-o, minimizando-o, controlando-o, sem definitivamente o vencer.

3.7. Para além do resultado da unidade da multiplicidade dos cinco factores enumerados em 3.4., nenhuma causa-origem por si só deve ser valorizada, nem a experiência da violência e do sangue (Teixeira Rego), nem a experiência do fogo e dos alimentos cozinhados (Desmond Morris, Claude Lévy-Strauss), nem a experiência do tabu do incesto (Freud), nem a experiência da casa, da agricultura e do sedentarismo, resultado da passagem da floresta para a savana (antropologia cultural).

3.8. O mal, contemporâneo da evolução do homem, é, assim, anterior e superior ao bem, que se desenvolve biológica e socialmente contra ele. O bem é um arranjo que perdura, um equilíbrio que provisoriamente se mantém. O mal, invencível, ou mil vezes vencido, logo majestaticamente retornado, é o absoluto, o homem a ele se sujeita, evitando-o, minimizando-o.

3.9. Na passagem entre o *Homo neanderthalensis* e o *Homo sapiens sapiens* (200 mil anos), a mente supera o corpo e nasce o campo transcendental da consciência designado por espírito, constituído por:

a) o símbolo (condensado de significação plural numa única representação: a palavra, a letra, os objectos de características mágicas – amuletos, adornos, desenhos figurativos, mágicos, votivos);

b) a consciência do tempo (técnicas de cultivo, que pressupõem as noções de passado e futuro; megalitos na paisagem como modo de orientação);

c) a consciência da inevitabilidade da morte (técnicas de enterramento);

d) a criação de conceitos universais e de valores e finalidades que superam a morte (a criação de entidades espirituais e de continuidade de costumes gregários).

3.10. Isto é, nasce um campo gnoseológico e moral sem paralelo ontológico, sequer biofísico – o campo transcendental do espírito. O espírito excede e supera o corpo e distingue-se deste e da mente pela natureza dos seus próprios resultados:

a) erige um campo de transcendência que elimina os factores constituintes do corpo (o «aqui» e o «agora» do tempo e do espaço), criando conceitos universais e referentes vazios de imagens;

b) cria um campo de valores que tanto esvazia as pulsões do corpo, negativizando-as (transformando as emoções em valores espirituais), como as espiritualiza, prestando-lhes um sentido ético.

Poderá a mente/razão, de um modo exclusivo, albergar os itens constantes deste parágrafo e do parágrafo 2.1.? Eis a tese transcendentalista – o neocórtex (o corpo) é a casa do espírito; este, porém, transcende-o, embora não se active nem se realize sem ele.

4. O ESPÍRITO E A ALMA

4.1. As diversas religiões identificam o espírito com a alma. A alma, porém, pressupõe a substancialização imaterial do espírito e, portanto, a existência de duas diferentes substâncias para o simples acto de conhecer e pensar, acrescidas de um terceiro elemento de ligação ou vinculação entre alma e corpo. Coloca, igualmente, um conjunto de problemas metafísicos de vincada importância: a sua natureza antes da encarnação no ou apropriação do corpo, a sua natureza após a morte do corpo.

4.2. Devemos simplificar as razões e os conceitos, como exige Guilherme d'Ockamm – uma substância basta: o corpo, donde brotou, por complexidade organizacional crescente e adaptação analógica, a mente (ou razão) e o espírito.

4.3. Da mente, efeito que é causa e causa que se torna efeito, nasce a organização social (fogo, família, casa, linguagem). A mente nasce, assim, *contra* (segundo o triplo estatuto de antecipação, prevenção e simulação) as mais violentas características constitutivas do ser e do corpo, isto é, da necessidade de prevenir o mal (a doença individual, a doença contagiosa, a escassez de água e alimento, a carência de recursos, a morte, o sofrimento, a incerteza quanto ao futuro, os ataques de outros homens, os ataques dos animais, os incêndios nas matas e florestas, as tempestades, as inundações dos rios, as secas prolongadas...). O espírito forma-se para dar sentido à união corpo-mente, estabelecendo o sentido e a finalidade para a existência do corpo e da mente, criando a esfera dos valores morais e dos conceitos intemporais, isto é, do bem. A mente nasce, assim, para controlar as emoções do corpo, suavizando-as, domesticando-as, evitando ou minimizando o mal.

4.4. O espírito nasce para fazer o bem, espiritualizando as emoções, transcendendo-as em actos de altruísmo, de deleite, de sublime beleza ou de valor religioso. A mente negativiza as emoções, cuja irracionalidade com ela conflitua; o espírito positiviza as emoções do corpo.

4.5. A embriologia comparada dos vertebrados não permite alternativa: o homem proveio dos animais, possui espírito, mas não alma.

4.6. As emoções constituem-se como resquício de animalidade no ser do homem, o que com os animais possuímos em comum, respostas comportamentais geneticamente codificadas em função das ameaças exteriores – o mal. Nelas, como pulsões reguladas, prevalecem a antecipação e a previsão face à ameaça exterior do mal.

4.6.1. No sentimento reside a rede consciente das emoções segundo a experiência singular do indivíduo (pássaro, mamífero), definidora da personalidade emotiva de cada um: um cão, um homem, um cavalo.

4.6.2. No *Homo sapiens*, as emoções são organizadas (contidas, reprimidas, deslocadas) pelo plano transcendental da mente, fundado no neocórtex, e pelos padrões culturais aprendidos.

4.6.3. As emoções, hoje, estatuem-se no cruzamento psíquico entre pulsões biológicas primitivas, australopitecianas, e a complexidade mental e espiritual (a cultura).

4.6.4. A emoção fundamenta e origina o sentimento e ambos são experimentados, seleccionados e fixados na memória como resposta comportamental pela mente racional e pelo espírito valorativo.

4.6.5. Neste sentido, o acto comportamental é fruto tanto de impulsos biológicos (a emoção) quanto da consciência de atracção ou repulsa pela realidade exterior (o sentimento), da selecção operada pela mente/razão face à necessidade de evitação ou minimização do mal, quanto, ainda, do conjunto de valores (o espírito) que fundamentam o sentido de vida de cada indivíduo.

A HISTÓRIA DO MAL

1. O HOMEM E O SER: O LABIRINTO

1.1. A divindade – isto é, deus e os deuses – identifica-se com o espírito (a forma) do ser (a existência), destacado violentamente, hipostasiado por si e mutavelmente interpretado pela mente humana. A divindade, assim historicamente pensada desde há milénios, é uma criação humana, exclusivamente humana, nada tem a ver com deus, se este existe.

1.2. A mente do homem pousa assim sobre o espírito (a organização – o logos) do ser, prestando-lhe existência separada, violentando-o.

1.3. Este acto de violência – o primeiro a marcar a história da humanidade –, separando e distinguindo homem e ser, como duas entidades inimigas, corresponde a uma defesa do homem face a uma idêntica violência do ser (a existência, o mal): a escassez de bens, a dor física e o sofrimento psíquico, a morte.

1.4. Do ponto de vista da humanidade, corresponde igualmente ao acto mais primitivo ou mais longínquo. É um acto principial, ontológico, marcador da evolução do homem e do ser. A humanidade nasceu quando o primeiro homem consciencializou a sua distinção face ao ser, negando este.

1.5. O acto de apropriação do espírito do ser pelo homem constitui a origem da magia, do mito, da religião, da filosofia, da teologia, da ideologia e da ciência e instaura a superioridade e o poder da humanidade sobre a restante existência: a terra e a animalidade, inclusive a sua própria animalidade, concebida como fonte do mal.

1.6. O acto de apropriação do espírito do ser pelo homem constitui a defesa do homem face ao mal, sempre ameaçador.

1.7. O mal é assim a origem do saber humano.

1.8. O acto de magia e a narrativa mítica unificam e organizam os seres através dos espíritos destes. A sua representação é identificada como sombra do ser, o secreto (a essência) do ser, o outro-mundo-do-ser, numa palavra, como duplo do ser. Dominar este ou intermediar o ser e o seu duplo constitui a tarefa essencial do mago, do xamã, do curandeiro, do sacerdote e do filósofo.

1.9. Hoje, o espírito do(s) ser(es) é unificado e organizado pelas ciências, reduzido a uma linguagem racional e quantitativa, a linguagem do nosso tempo.

1.10. Hoje, o ser, identificado com estruturas relacionais e materiais, perdeu o seu duplo, a sua sombra, o outro-mundo-do-ser, isto é, perdeu a sua espiritualidade. A função é a mesma – dominar o mal –, o resultado é outro – o ser desespiritualizou-se, quantificou-se imperialmente: por todo o lado, o reino da quantidade.

1.11. O mundo dos espíritos e dos deuses era pensado como *travesti* do mundo do ser, buscava-se no duplo o que no original rareava – era a função do espírito do ser, o do excesso, o dos limites – heróis guerreiros invencíveis, monstros titãs descomedidos, espaços celestiais ou infernais, vidas abundantes ou jóbicas, imortalidade como perpétua transmigração dos corpos ou metempsicose dos espíritos, fantasmas, monstros, deuses, potências intermediárias, demónios, anjos, génios virtuosos e perversos, vodus, orixás, e as correspondentes fórmulas mágicas, as palavras sagradas do mito para que pelo rito o poder dos espíritos fosse aplacado, suavizado ou dominado, hierarquias celestes ou infraterrestres ao modo da hierarquia dos homens, forças do mal, essências e substâncias metafísicas, sistemas filosóficos do mundo... constituem a fase infantil da humanidade.

1.12. A história da relação entre o homem e o ser tem sido, assim, a história da criação de um labirinto espiritual, sem retorno nem fuga. A função ética do homem do século XXI, superando a fase infantil da humanidade, será a de pôr fim a este labirinto, reintegrando e harmonizando o homem e o ser.

2. O MAL E A DIVINDADE CRISTÃ

2.1. As concepções humanas reduzem a quatro as faces primitivas do mal: a morte ou a perda, a dor física, o sofrimento psíquico e a escassez de bens (a fome e a sede). Do ponto de vista da história do mal não existe outra origem para este, bem como para os sentimentos e conceitos que doravante o significam: justiça/injustiça, pecado/punição, crime/castigo, vício/virtude, defeito(falta)/plenitude...

2.2. Onde as quatro primitivas faces do mal dominam, aí nascem civilizações, culturas e religiões: é do deserto e da penúria e contra ambos que nascem Assíria, Babilónia, Pérsia, Judeia e Egipto; daí nasce igualmente o cristianismo que, espalhado pelas metrópoles mediterrânicas (Alexandria, Atenas, Roma, Marselha) se urbanizou, assenhoreando-se do poder político.

2.3. O deus uno, como espírito do ser, absorvendo a totalidade deste, é um deus absoluto, completo, pleno, inteiro, um deus absorvedor do bem da imortalidade e da eternidade, da ausência de dor e da abundância da vida, anulando o mal da perda e a fonte do desejo de posse e domínio no homem. Pela primeira vez na história da humanidade, o mal, a essência do mundo, fora definitivamente vencido em espírito.

2.4. É um deus perverso, que perverteu o Mediterrâneo, depois a Europa e finalmente, através da Expansão Marítima, toda a terra.

2.5. A totalidade dos deuses antigos reflectia a totalidade do ser, ajustando espírito humano e ser. A doutrina da multiplicidade imanente dos deuses no ser constitui a mais bela e a mais perfeita doutrina religiosa, independentemente do nome e da função dos deuses, civilizacional e culturalmente mutáveis. Possivelmente, apenas um neo-paganismo findará com a hispostasiação actual do mal, reintroduzindo o homem no coração do ser, levando-o a contemplar e a adorar (mesmo a rezar, como liturgia do bem) o espírito do ser multiplicado por funções naturais: adorar a montanha, o rio, proteger as espécies ameaçadas, hoje, é como adorar o espírito da montanha e o espírito do rio no passado distante. Esquecendo o cadáver vivo do cristianismo, devemos voltar à origem, iniciando a fase adulta da humanidade.

2.6. A diferença entre os deuses da Antiguidade e o deus cristão não reside na diferença entre o todo e a parte – aqueles eram a expressão múltipla do espírito do ser, fragmentos do mundo, este expressão humana total do espírito do ser; aqueles a expressão da superioridade e domínio do homem sobre uma *natura naturans*, uma natureza viva, sobre uma *natura naturata*, uma natureza fossilizada; aqueles belos e feios, virtuosos e viciosos, bons e maus, justos e injustos, venais e imortais, este apenas belo, bom, justo, sábio e eterno.

2.7. A divindade cristã, exclusivamente bela, boa, justa, sábia e eterna, acrescenta duas novas às antigas quatro faces do mal:

a) o corpo (a carne);

b) o mundo.

Lugares, existências, onde, como tentação, reina o diabo, apresentado inequivocamente como deus do mal.

2.8. Com a decadência dos deuses da Antiguidade, o homem europeu cometeu o mais infantil dos actos: o cristianismo declarou-se contra as duas fontes intemporais do mal: o corpo (dor, sofrimento e morte) e o mundo (escassez de bens para a sobrevivência).

2.9. Efeito de um forte bloqueamento histórico e civilizacional na zona do Mediterrâneo entre a decadência romana, esgotada de sangue e de luxo, e a emergência bárbara, ansiosa de civilização, o cristianismo constituiu-se como um dos mais importantes momentos na evolução da história do mal: de quatro, as faces do mal transformam-se em seis, e este, antes multiplicado pela totalidade do ser (todos os seres eram simultaneamente bons e maus), unifica-se, ganhando um deus só para si – o diabo –, uma casa onde reina triunfantemente – o inferno – e dois novos pólos do seu domínio: a carne/corpo e o mundo, isto é, a totalidade da existência sensível. Com o cristianismo, a um deus absoluto opõe-se um mal absoluto.

2.10. A origem do cristianismo corresponde a um momento histórico (repetível com frequência) em que viver se torna impossível, no qual o espectro da morte, da dor física, do sofrimento psíquico e moral e da escassez contaminam o futuro, despertando antigos fantasmas e monstros mágicos e míticos (& 1.11.).

2.11. Explica-se, assim, por um sólido bloqueamento histórico, que o símbolo do cristianismo seja o máximo sofrimento humano (um homem nu, esquálido, crucificado), a irrefragável perda trazida pela morte («Meu Deus, porque me abandonaste?», clama Cristo em nome da totalidade da humanidade), o ascetismo (o «Sermão da Montanha», olvidado quando a Igreja se torna Poder romano), e o centro da sua liturgia seja a posse máxima do ser (a ingerência da carne e do sangue de deus como espírito do ser), representado pelo elemento da abundância (o vinho e o pão, ou seja, o que permite a subsistência). O cristianismo exprime, assim, o desejo histórico de total abandono do homem nas mãos de deus.

3. O MAL E A FILOSOFIA CLÁSSICA

3.1. Na Grécia clássica, o espírito do ser tornou-se filosofia, dividido em dois campos – o do bem, reino da sabedoria, ligado à espiritualidade, e o do mal, reino da matéria, ligado à sensibilidade.

3.2. Mais do que os pré-socráticos, Sócrates/Platão constituiu o rosto histórico desta passagem, conversora do bem em pura espiritualidade sábia e do mal em pura materialidade sensível, gerando a proporção ética:

$$\frac{\text{SABEDORIA}}{\text{BEM}} = \frac{\text{MAL}}{\text{IGNORÂNCIA}}$$

3.3. O contributo grego para a história do mal reside justamente na caracterização da matéria e da ignorância como reinos do mal.

3.4. Em conjunto com o cristianismo, constituíram-se, assim, as oito faces ontológicas do mal:

a) a morte;

b) a escassez;

c) a dor física;

d) o sofrimento psíquico e moral;

e) a matéria, a natureza bruta;

f) a ignorância;

g) a carne/o corpo;

h) o mundo.

3.5. Herdeiro da cultura greco-romana, o cristianismo declarou guerra às duas faces do mal que revelara (carne/corpo e mundo) e glorificou a vitória sobre as seis restantes consideradas superadas pela sua doutrina:

a) a morte pela ressurreição da carne e pela visão de uma vida eterna;

b) a escassez de bens pela partilha e pela vida ascética ou comunitária (os monges);

c) a dor e o sofrimento pela penitência e expiação do pecado, prestando sentido positivo ao mal;

d) a matéria ou natureza bruta pela sua espiritualização num reino celestial (o Paraíso);

e) a ignorância pela verdade cristã, não estudada pelos povos, meramente inculcada na mente pelos sacerdotes.

3.6. Assim, a Europa católica (até ao século XVI):

a) não promoveu escolas, deixando grassar a ignorância;

b) não investigou as causas da dor física, deixando a doença proliferar (pestes, lepra);

c) não desenvolveu a riqueza, abandonando os povos à maior das misérias que alguma vez a Europa experimentara;

d) não averiguou as causas naturais dos seres (a ciência), compondo um manto de trevas e superstição sobre os povos.

Apenas interessava promover, investigar, desenvolver e averiguar a multiplicidade de caminhos por que se alcançava o bem, fugindo do corpo (o ascetismo, o puritanismo, o total desprezo do corpo) e do mundo humano (o cenobitismo, o comunitarismo dos monges).

3.7. Como se evidenciou no § 2.9., 2.10. e 2.11., o cristianismo, como cultura, corresponde ao suicídio de uma civilização (mediterrânica), facto histórico não impossível de se repetir.

3.8. É o cristianismo um retrocesso civilizacional? Se medirmos o cristianismo pela bitola do domínio que o homem possui sobre a morte, a dor, o sofrimento e a escassez de bens (as quatro primitivas faces ontológicas do mal – valoroso critério de progresso material no combate contra o mal), o cristianismo é um violentíssimo retrocesso material e espiritual face à civilização greco-romana e constitui uma absoluta desvalorização:

a) da riqueza material em troca do elogio da pobreza;

b) da sabedoria em troca do culto da ignorância;

c) do espírito de convívio (ágora, forum) em troca do espírito de suspeita;

d) do espírito de curiosidade e investigação em troca do espírito de medo;

e) da liberdade animal do corpo em troca de uma mentalidade de vergonha e de pudor.

3.9. O cristianismo constituiu-se como a jangada da História para a civilização bloqueada do Mediterrâneo, apostada em sobreviver. Sobreviver naufragando é um recurso, não uma opção. O cristianismo foi o recurso da história do Mediterrânico, que perdurou amarrando-se ao poder, triturando os povos seus sustentáculos. O recurso provisório tornou-se definitivo.

3.10. Hoje, longe desse originário recurso de náufragos, o cristianismo é estatuído como uma inevitabilidade, uma existência poderosa, com a qual só resta romper, rompendo com a sua dupla concepção do mal (corpo e mundo humanos, corpos e mundos naturais), abafando o diabo como hipóstase do mal e refazendo o espírito do ser, harmonizando homem e ser, findando a fase infantil da humanidade.

4. HISTÓRIA FILOSÓFICA DO MAL

4.1. Na Grécia, o espírito do ser é pela primeira vez pensado por si, não como realização de uma prática litúrgica – magia, mito, religião –, mas como acto mental e espiritual, acto reflexivo e contemplativo. Pela primeira vez, o homem interroga-se – o que é o ser?, o que é o espírito do ser?, quem são os deuses?, o que é a divindade?, distinguindo o ser da sua boa ou má manifestação.

4.2. O espírito do ser assim pensado origina uma forma diferente de saber – a filosofia –, ou seja, a contemplação do ser e do espírito, a que se dedicará um tipo de homem diferente – o filósofo –, aquele que contempla o espírito do ser, identifique-se este com deus, a matéria, o universo, a vontade, a razão cósmica, a energia, o todo, o uno, o nada, a vacuidade.

4.3. Os filósofos gregos definiram para a nossa civilização, entre os séculos VII e III a. C., o quadro categorial do conhecimento do mal.

4.4. Este quadro restará inalterável até à contemporaneidade, quando, por via das obras de J.-J. Rousseau, F. Nietzsche, S. Kierkegaard, K. Marx, S. Freud e M. Heidegger, acrescerão às oito características ontológicas do mal uma nona face, a face da decadência da nossa civilização:

– os valores constitutivos da civilização ocidental são encarados como maus: face às restantes, a nossa é a pior das civilizações, corruptora da harmonia do ser.

4.5. João Paulo II foi o primeiro Papa que detectou que a Europa do futuro escaparia ao cristianismo. O seu proselitismo peregrinante sobre a Terra e o seu pedido de perdão à Europa pelo mal que a Igreja cometera sobre os povos são dois testemunhos da fraqueza derradeira da Igreja. Tem João Paulo II razão em clamar que «a Terra se converteu num cemitério, um grande planeta de campas. Quantos homens, quantos sepulcros. Um grande planeta de campas. Entre todas as campas espalhadas pelos continentes do nosso planeta há uma, a do Filho de Deus, o homem Jesus Cristo, que venceu a morte com a morte» (Roma, Via Sacra da Páscoa de 2003). Não disse, não o poderia ter dito, que a instituição que mais adubou a terra para receber as campas dos homens mortos foi a Igreja e o seu Poder ao longo de um inteiro milénio de domínio sobre a Europa.

4.6. O quadro categorial do conhecimento do mal foi delimitado pelos filósofos gregos no interior do quadro geral filosófico das suas obras, não havendo um tratado específico sobre o mal. Assim:

a) para Heraclito, Anaxágoras, Empédocles, Epicuro e os Estóicos o mal identifica-se como uma necessidade constitutiva do mundo, a que o homem se deve adaptar;

b) para Parménides o mal identifica-se com a aparência ontológica, que o homem pode vencer pelo conhecimento verdadeiro;

c) para Demócrito o mal é o fruto de um acaso, a que o homem se deve resignar;

d) para Pitágoras o mal é o coração do irracional, superado pela razão;

e) para os Sofistas o mal é um valor cultural relativo, a que o homem se deve ajustar, embelezando-o retoricamente e vivendo-o socialmente;

f) para Sócrates/Platão o mal é um misto da predominância cosmológica da matéria, da predominância dos sentidos no conhecimento (doxa) e da ignorância na moral e na justiça – numa palavra, o mal corresponde ao império da materialidade e da sensibilidade, superado pelo império da espiritualidade;

g) para Aristóteles, o mal é a privação da realização de um ser, uma potência que não se transforma em acto.

4.7. Assim, entre a Grécia clássica e o século XIX, desenharam-se oito teses gnosiológicas e éticas sobre o mal, explicativas da existência das oito faces do mal, acrescentadas pela nona tese nos séculos XIX e XX:

a) o mal é uma NECESSIDADE;

b) o mal é produto de um ACASO;

c) o mal é o IRRACIONAL;

d) o mal é a APARÊNCIA;

e) o mal é a IGNORÂNCIA;

f) o mal é um VALOR CULTURAL relativo ao nível do conhecimento e dos costumes dos povos;

g) o mal identifica-se com a MATÉRIA;

h) o mal é a PRIVAÇÃO (da realização da substância de um ser);

i) o mal identifica-se com a nossa própria civilização: são valores da CIVILIZAÇÃO OCIDENTAL.

4.8. O período de retrocesso civilizacional que constituiu o tempo de domínio do cristianismo sobre a Europa manifesta-se de igual modo na filosofia. Santo Agostinho une a adoração litúrgica do espírito do ser (magia, religião) e a contemplação do espírito do ser (filosofia). Verifica-se, assim:

a) a absorção da filosofia pela religião;

b) o esmagamento mental da contemplação (reflexão) pela adoração (idolatria);

c) o desejo de pensar por si pelo desejo de adorar um outro (da reflexão das obras dos mestres pela idolatria dos santos).

4.9. Nestes três movimentos do espírito humano reside uma menoridade mental que o cristianismo identificou com acto humano de libertação do mundo, conduzindo a uma tirania da fé sobre a Europa, que, civilizacional e culturalmente, se identificou com o destino da Igreja do deus *único*. Reside histórica e filosoficamente na instituição «Igreja» a *fonte* do totalitarismo que, desde o século XVIII (período de «Terror» da Revolução Francesa, Napoleão, Marx, Prússia, Lenine, Mussolini, Estaline, Hitler, duas guerras mundiais, guerra dos Balcãs...) tem varrido a Europa. Em todos os ditadores europeus repousa o desejo de unicidade que o cristianismo legou como herança substancial ao espírito europeu.

4.10. A tese de Santo Agostinho sobre o mal reúne as de Platão (o bem é o espírito; o mal, a matéria) e de Aristóteles (o mal é uma privação).
Identificando deus com o espírito do ser, caracterizando-o como unicamente bom (como Platão, que identificava o uno com o bem), o mal cai fora do espí-

rito do ser – é atroz a consequência civilizacional desta tese, recusando a multiplicação do mal pela natureza e pelos actos do homem, gerando um exclusivo modelo de homem – o santo – a quem se exige ser mais do que homem. Identificando deus com o espírito do ser e forçando deus a ser unicamente bom, a divindade não pode ser causa do mal. O mal torna-se, assim, um escândalo para a visão cristã do mundo, o elemento demoníaco que aponta o dedo à perfeição divina, maculando-a.

4.11. Santo Agostinho soluciona o paradoxo socorrendo-se de Aristóteles: o mal não possui existência em si, não é um ser por si, mas uma privação do bem, o mal figura uma falta, uma deficiência que impossibilita um ser de realizar o seu *modus, species* e *ordo* (a sua medida, a sua forma e a sua ordem).

4.12. «Porque sei que o mal não é nada mais que uma ausência do bem até que, no final [dos tempos], ele deixe de pertencer ao todo [da existência]» (Santo Agostinho, *Confissões*). Fundada em Aristóteles, que postulara a inexistência ontológica do mal, a tese agostiniana sustenta que o estatuto do mal reside (não em ser, mas) apenas numa diminuição ou privação do bem, uma *privatio boni*. É a tese humana que priva e renega deus da possibilidade da existência de mal no seu ser,

criando um vazio metafísico entre deus, o universo, a natureza e a humanidade. Este vazio, ontológico e metafísico, separou radicalmente o criador da criatura, evidenciando, não a perfeição e a absoluteidade de deus, mas a sua artificialidade enquanto ideia criada pelo homem.
Esta tese cristã condenou de um modo imperativo a terra e os animais a tornarem-se suporte e objecto do poder e do domínio do homem, escravizando-os.

4.13. Foi sobre este vazio metafísico – o vazio mais cheio da humanidade – que se tornou necessária a existência de um outro deus, mau, o diabo, pragmaticamente tão poderoso quanto o primeiro.

4.14. A doutrina da *privatio boni* como essência do mal define em perfeição, mentalmente, a fase infantil da humanidade. Na Europa, constituiu um tempo artificial, dominado pela igreja católica, profundamente maniqueísta, centrado numa concepção absolutista de verdade e perfeição.

4.15. Em nome desta concepção, Santo Agostinho inverteu a realidade: não é o mal uma privação de bem, mas o bem uma privação temporária de mal: a morte, a dor, o sofrimento, a violência, a guerra, a doença, a destruição, a escassez, a mesquinhez, a ignorância, a inveja, são realidades universais, presentes constitutivamente na natureza e na acção humanas. Não existem seres eternos, seres vivos que não pratiquem a violência para sobreviver, não existem seres não sujeitos à decomposição e morte. O que designamos por mal encontra-se sempre presente no homem, não acidentalmente, mas essencialmente. O bem é um arranjo natural que perdura, um equilíbrio instável que se mantém, uma estrutura que «funciona», um organismo que se auto-replica, sobrevivendo através de outro.

4.16. Contra Santo Agostinho, o cristianismo resgatar-se-ia hoje se aceitasse incluir o mal na obra de deus, clamando explicitamente que deus quis e quer o mal, isto é, a morte, a dor/sofrimento, a miséria, o império do desejo da carne, da tentação do mundo, do domínio da matéria e da generalização da ignorância. Nasceria assim uma futura igreja, de cara lavada pela História.

4.17. A crítica de Carl G. Jung à teoria da *privatio boni* estatui-se a um nível psicológico e enquadra-se na teoria dos arquétipos inconscientes que determinam e dominam o espírito humano, fundados em pares lógicos e emotivos. Assim, nada, nem mesmo deus, pode ser pensado como eminentemente bom sem ser pensado como eminentemente mau. E se o fizermos, como civilizacionalmente o fizemos, negando a malignidade de deus, o mal não baterá à porta, arrombá-la-á, entrando estrepitosamente. É esta a origem indestrutível do diabo, a sombra negra de deus.

4.18. A filosofia do mal de S. Tomás de Aquino obedece ao ditame da nova Europa das Cruzadas e prepara a Expansão Ultramarina, de uma Europa dominadora de outros povos e continentes, uma Europa cabeça do mundo, governada pelo desejo de dilatação da mercadoria e da fé. Para ser entendida, a teoria do mal em S. Tomás de Aquino tem de ser lida à luz deste enquadramento histórico. É angustiante ler as páginas de S. Tomás sobre este tema – o seu conteúdo é inquietantemente atravessado por uma dialéctica de sangue vivo entre o bolor do velho e a frescura do novo, revelando uma consciência objectivamente dilacerada entre estes dois mundos. S. Tomás confessa que não existe causa primeira para o mal, como o exigia o velho mundo das ordens religiosas beneditinas e agostinianas e a velha igreja rural de Carlos Magno; e, por outro lado, confessa que deus é livremente causa da existência do mal no homem e no mundo, como o exigia a nova realidade urbana, a expansão para o Oriente e os novos estudos empíricos, que postulavam a necessidade de fazer o mal para atingir o bem (a guerra santa, a escravatura, o poder senhorial...).

4.19. Assim, em S. Tomás, o mal ganha uma função positiva e necessária na ordem do mundo, estatuindo-se como acto originado nos interstícios do bem, por este exigido para sua consumação, já que a plenitude ontológica de deus como unidade não pode ser revelada no mundo senão como pluralidade. O mal é da ordem da pluralidade, da relação entre os possíveis e da concretização da acção singular. Leibnizianamente *avant la lettre*, se deus não é criador do mal, nele consentiu ou aquiesceu. Indirecta acção de deus, que só o bem promove, o mal existe para que o bem possa realizar-se.

4.20. Com S. Tomás, o conceito de «guerra justa» ganha legitimidade e assim a relação ética «obrar o mal para fazer o bem» (ou, maquiavelicamente *avant la lettre*, «os fins justificam os meios»). A Santa Inquisição e os seus maléficos processos encontram-se legitimados, a extinção de hereges (judeus e mouros e, posteriormente, protestantes) encontra-se legitimada, a dizimação de tribos pagãs encontra-se justificada, a escravatura de infiéis legitimada. Ou seja, o mal humano encontra-se legitimado em função do bem, sobretudo do bem supremo ou «soberano bem», deus. A Europa cristã, enquanto força e instituição do mal, liberta-se para fazer o bem. Apenas João Paulo II quebrará esta demoníaca lógica da Igreja, aceitando o pluralismo, isto é, que a essência do espírito do ser é plural e não unicitária.

4.21. «O mal é a ausência de ser», escreveu S. Tomás de Aquino, seguindo Aristóteles e Santo Agostinho, ou seja, o mal não possui existência própria, é um correlato ou um sucedâneo do bem e só por este possui existência. O mal possui, assim, uma existência derivativa. O mal é *debitum naturae,* uma ausência ou uma falta na natureza de uma coisa. A posição ontológica de S. Tomás deriva directa e logicamente de uma posição teológica, que considera apenas a existência do bem em deus. O mundo, criado por deus, expande o amor e a benignidade do criador, ainda que sujeito à limitação finita da matéria e da sensibilidade. Se deus fosse tão bom quanto mau ou mais bom do que mau, o mundo, sem problema ontológico nem mistério teológico, sofreria das mesmas qualidades em modo proporcional. A teoria de S. Tomás sobre o mal é, assim, subsidiária de uma outra de superior determinação, a da postulação dos atributos de deus.

4.22. A tempestade da história que S. Tomás de Aquino prenunciou, enquadrando-a no desejo de conservação e expansão do poder da Igreja, esmagará totalmente a filosofia protestante, que fizera do homem um escravo de deus – a teoria da predestinação. Esta teoria constitui o abandono e o fracasso do homem renascentista, incapaz de dominar seja a nova História (a Idade Moderna), seja os impulsos e apetites do seu corpo. Dependente absoluto da «Graça», o esforço do homem dirige-se para o mundo do trabalho mecânico, o mundo da formiga (os ofícios, o comércio, o mundo dos negócios mercantis tornam-se dominantes face às antigas ocupações nobres), na expectativa de merecer o dom do olhar divino pela sua boa prestação nele. Permanecer permanentemente nas mãos de Deus, sem possuir certeza da sua agradabilidade, constitui a tragédia moderna da consciência humana.

4.23. Por esta teoria, que impregnará o pensamento de Pascal, o mal evidencia-se como princípio, meio e fim em que o homem subsiste: o mal é o elemento da vida, que as telas de Bosch e os dramas de Shakespeare ilustrarão esteticamente.

4.24. A teoria vicária ou a teoria da satisfação de deus de Santo Anselmo consola um deus bondoso de ter urdido tramas e subterfúgios. Deus fora ofendido pelo pecado do primeiro casal humano, a justiça devia ser reparada. A humanidade, por si própria, carecia do poder de reparação, apenas o diabo possuía o poder suficiente para conceder esta reparação, e deus, em troca, segundo um muito humano equilíbrio de poderes, ofereceu o seu filho em sacrifício: o sacrifício de Cristo reparou a ofensa humana de deus. Nasce desta teoria a consciência humana de que a justiça e a realização plenas se atingem apenas pelo sacrifício e pela penitência; estas, sob a pena de dor, de sofrimento, de morte, de violência, de guerra, de escassez, constituem o sangue do sacrifício humano e social com que o bem se atinge. Nasce a suspeita, não aceite por Santo Anselmo, de que o mal é natural e constitutivo do homem, o bem o ponto de equilíbrio provisório que o homem atinge superando o mal.

4.25. Estóico por opção racional, controlando as ilusões dos sentidos do corpo e submetendo a mente às «regras do método», condutoras do juízo (igualmente do juízo moral), o mal humano involuntário, em Descartes, constitui a expressão de um acidente ou de um erro da razão por efeito da temeridade do juízo ou da sua precipitação.

4.26. Descrente das formas substanciais aristotélicas e tomistas, crente numa natureza sem finalidade metafísica e moral, o universo criado não possui mal intrínseco (é uma máquina), antes leis físicas e matemáticas, para as quais é indiferente a existência de valores como bem e mal.

4.27. Em Pascal, o mal, calvinisticamente, assume-se como um espinho divino na carne do homem, aguilhão supliciador e supliciante com que este se encara como ser espacial e temporalmente finito e ontologicamente incompleto. A existência humana identifica-se com a essência do mal. Essência e existência do mal cruzam-se no homem, gerando neste a permanente angústia de saber se o bem feito conduzirá ao mal ou se o mal não se tornará, por motivos imprevisíveis, um futuro bem.

4.28. Espinoza combina o espírito cartesiano do necessitarismo frio e lógico da matemática e da física com o determinismo ontológico do deus medieval de S. Tomás, que é o Deus Todo-Poderoso judaico. É uma teoria dividida entre o novo rigor da ciência, fundado em provas parcelares, e a necessidade de uma visão totalizante, de fundo arcaico. Assim, para Espinoza, identificado o ser com o todo, o mal não chega a ser um escândalo, apenas um erro de perspectiva.

4.29. Porém, aparente ontológico e erro lógico, deve-se a Espinoza a elevação do estatuto do mal ao de uma relação intrínseca à finitude humana (não histórico-cultural, ao modo sofístico), encontrando-se deste modo com o universo filosófico de Pascal.

4.30. Em Leibniz, a harmonia consiste na unidade organizativa da multiplicidade, manifestada na mente de Deus, anterior à criação do mundo, pela «escolha segundo a hipótese», ou seja, segundo a finalização do plano divino que, acedendo à existência, permite compatibilizar o maior número de efeitos a partir do menor número de princípios. Assim, deus criou o mundo segundo a «necessidade hipotética», contrapondo-o à criação segundo a «necessidade absoluta», cuja rigidez ordenadora teria provocado um mundo porventura mais linear do ponto de vista lógico, mas menos perfeito do ponto de vista ético e metafísico. Assim, a ordem do universo é ela própria «contingente» (é esta, escolhida por deus, mas poderia ter sido outra, caso deus assim tivesse preferido). Deste modo, a exigência de existência do mal no mundo é uma exigência ética e metafísica, isto é, uma exigência que se vincula ao plano da criação do mundo, o mais perfeito possível, isto é, o mais uno e diversificado simultaneamente. Um mundo tão-só bom seria um mundo tão-só uno, no qual a unidade não se harmonizaria com a multiplicidade dos seres e estados, mas, ao contrário, seria um mundo no qual a unidade seria exclusiva e a multiplicidade ausente, isto é, um mundo menos perfeito. Assim, em nome da perfeição do mundo, deus «aquiesceu» a criar o mal.

4.31. Com a teoria do bom selvagem, de Jean-Jacques Rousseau, sem nenhum fundamento na antropologia cultural e histórica, a cultura europeia projecta a má-consciência da dizimação e escravização de povos ultramarinos entre os séculos XVI e XVII. Bons eram agora os povos que não tinham ascendido à sofisticação da civilização, maus os que tinham estendido a todo o mundo a propriedade privada e o comércio, realizando-se através da cobiça pessoal e da exploração ou humilhação de comunidades que viviam em harmonia com a natureza. Ser natural – o homem bom; ser civilizado – o homem mau, corrompido.

4.32. No advento da contemporaneidade, o mal faz a sua gloriosa aparição tal como é, sem desculpas divinas modernas ao modo de Leibniz e sem indecisões sensatas ao modo de Descartes, mas também sem angústias sangrantes ao modo de Pascal. Kant, contrariando as tendências morais gerais da Revolução Francesa, foi o primeiro pensador a constatar (e a admitir) a existência de uma predisposição natural no homem para o mal, isto é, para ceder aos impulsos ou «apetites» do corpo, contrariando a razão e a «vontade boa». É a teoria do mal radical em Kant.

4.33. No seguimento da teoria de Kant, Freud teoriza que o homem possui uma predisposição fundamental para o mal, activado pelo princípio do prazer, pela consumação dos impulsos sexuais (a libido) e pela ostentação de superioridade sobre o outro, que o princípio de realidade (moral, religião, política, moral...), centrado no ego e no superego, censura e recalca. Abandonado às pulsões biológicas e psíquicas fundamentais da libido (Eros e o prazer sexual, Tanatos e o prazer cruel da humilhação e agressão sobre o outro), cada homem, sem a repressão civilizacional e cultural, evidencia-se como um animal diabólico, capaz das maiores crueldades para atingir o prazer de se saber superior.

4.34. Superando a teoria radical do mal de Kant, Hannah Arendt constata que o homem de existência mais normalizada, o marido mais amoroso, o pai mais extremoso, o crente mais devoto, o colega mais gentil, o cidadão mais pacífico e cumpridor, como Adolf Eichmann, são capazes de cometer os actos mais violentos e bárbaros desde que a sua acção seja legitimada por um sistema social e político ou uma teoria filosófica ou religiosa – é a «banalidade do mal», prosseguida por homens normais, sem aleijões psíquicos, entorses sociais de infância ou traumas psicanalíticos.

4.35. Em tempos recentes, porém, Konrad Lorenz resgata a existência do mal (a teoria da agressão) da perversidade que lhe tinha sido atribuída. O criador da etologia evidencia os aspectos positivos do mal, tanto para as espécies animais quanto para o indivíduo humano. Nos instintos considerados malignos, civilizacional e culturalmente reprimidos, estaria depositada a raiz do conhecimento espiritual e do progresso material: todo o saber, toda a acção militante e ideológica, toda a criação, toda a inovação, todo o entusiasmo pela vida radicariam nos instintos de defesa e agressão que, recalcados no homem, se deslocariam para a ciência, a política, o desporto, a arte.

O MAL E DEUS
A FASE INFANTIL E BÁRBARA
DA HUMANIDADE

1. DEUS É UM «FLATUS VOCIS»

1.1. À entrada do século XXI, a revolução a ser feita reside na separação radical entre o mal e deus e na reunião ou religação entre homem e ser.

1.2. Deus, se existe, é humanamente apresentado como:

a) um sentimento de reminiscência (visão ontológica e espiritualista da existência de Deus tematizada por Platão, Santo Agostinho e Descartes);

b) uma necessidade ontológica, enquanto causa e síntese (Aristóteles, Santo Anselmo, S. Tomás de Aquino);

c) um concentrado singular do cruzamento mental entre as ideias ilusórias de perfeição e absoluto (visão materialista e intelectualista de Feuerbach, Marx e Freud);

d) uma ilusão da razão (Hume, Kant, Freud);
e) uma perversão da consciência (Nietzsche).

1.2.1. Segundo a lição de Kant, que aqui seguimos, a existência de deus não pode ser pensada segundo os quadros categoriais da mente humana. Estar para além da possibilidade humana não significa que deus não exista, apenas que não pode ser pensado, e muito menos tomado como objecto de linguagem – deus, enquanto palavra, é um *flatus vocis*, aliás, a única palavra vazia, que exprime no homem o sentimento do sagrado – a ligação do homem com o todo do ser.

1.2.2. As qualidades divinas – omnipotência, omnisciência, absoluteidade, eternidade, ubiquidade, infinito – são hoje risíveis, tal a evidência da sua origem por contradição com as características do homem e do ser – provisórias, finitas, limitadas, relativas, mortais. Por via da caracterização de deus, intentou o homem escapar ao universo do mal, substância do mundo. Em deus residiria prova da existência de um ser não atravessado pelo mal.

1.2.3. O deus assim caracterizado não existe – é uma invenção humana no sentido de triunfar sobre o mal, origem do ser em forma de caos, constante do ser em forma de destruição e renovação que por todo o lado permanece em forma de provisoriedade.

1.2.3.1. Ou de dar sentido à existência do mal – atribuindo-lhe uma origem benéfica.

1.3. Neste sentido, deus é um mistério – o primeiro mistério da existência humana –, não o deus judaico, cristão ou muçulmano – cujo império sobre os homens define a fase infantil e bárbara da humanidade, sim a imagem do deus vazio budista, caracterizado pela vacuidade, fonte de todas as manifestações, expresso no homem através da com-paixão reunitiva de cada ser em todos os seres. Deus como nada-tudo de Fernando Pessoa, Teixeira de Pascoaes, Agostinho da Silva e Paulo Borges, sim, esse é um mistério.

1.3.1. O deus cristão encontra-se em fase histórica moribunda. Dentro de dois ou três séculos a sua adoração será reduzida a uma seita europeia, vestida medievalmente, substituída pela adoração das forças da natureza, expressão do sentimento do sagrado devotado ao ser na fase adulta da humanidade. Falhada a ética cristã, violentadora da natureza, devastadora da Terra, barbaramente ungida em sangue e carne do deus morto, nascerá uma ética natural, valorizadora de todos os seres sencientes. Terá então morrido o antropocentrismo cristão, nascerá (vai nascendo) o biocentrismo: o ser, enquanto figuração terrena, será respeitado na sua intrinsecidade, se não adorado.

1.4. Reflectir sobre o homem e o ser é fazer filosofia; sobre Deus, teologia. Não existe discurso mais vão, mais ilusório, enganador e mesmo capcioso do que o discurso teológico. Na denominação de Faculdade de Teologia e no facto social de alguém se apresentar como sacerdote ou teólogo residem as duas mais elevadas e sublimes pretensões humanas. Não existe pretensão superior. Soberba superior.

1.4.1. Um teólogo na reflexão e um sacerdote na liturgia constituem o tipo psicológico de homem orgulhoso e sobranceiro, isto é, dominado por emoções infantis. Pelos livros do primeiro e pelas vestes do segundo, anunciam uma intimidade divina que os privilegia entre a multidão.

Hoje, na Europa, à entrada do século XXI, só espíritos pobres, falhos de toda a humildade, cegos pela sua posição entre os homens e perturbados pelo título com que a si próprios se figuram, se apresentam como teólogos e sacerdotes. São títeres da história, totalmente desligados da busca de deus. Socialmente, são homens fanatizados pela posse da verdade: esta numa mão, na outra o absoluto. Psicologicamente, são crianças brincando com o brinquedo preferido.

1.4.2. O discurso sobre deus reduz este a um limite humano, infantilizando-o. Como uma criança a falar sobre física quântica. Quando um teólogo discursa, reproduz o acto de uma criança brincando com o seu brinquedo preferido – deus.

Os verdadeiros teólogo e sacerdote seriam aqueles que dissessem – «Há um mistério, o primeiro mistério – deus», e se silenciassem.

1.5. O mundo é conhecido e pensado através de categorias mentais humanas, as de Pitágoras, Aristóteles, Kant, Einstein, Piaget. Deus, como o outro nome da verdade e do absoluto, é o que, a existir, está para além das categorias, o diluidor de todas as categorias. Não é, portanto, um problema, mas um mistério. Deus não é o negativo, o simétrico ou o oculto do ser, mas o que está para aquém e para além, espelhado no limite de toda a racionalidade e irracionalidade, no limite de toda a linguagem, no limite de todo o silêncio. Falar d'*isso*, desse *vazio*, desse *nada*, cuja existência nem entrever ou suspeitar se pode, é uma infantilidade, de que a presunção humana se vangloria. Corresponde à fase infantil e bárbara da humanidade.

1.5.1. Deus não é:

a) o vértice da razão (S. Boaventura, Hegel);

b) o fundamento e sentido de tudo (Platão, Aristóteles, S. Tomás de Aquino);

c) a sombra impotente mas consoladora do homem (Freud);

d) o logos (a forma, a organização ou estrutura invariável do Universo – Heraclito, Espinoza, Einstein) que pulsa;

e) a estrutura sintáctica subjacente ao discurso ou a forma da ordem lógica do pensamento (pensadores lógicos);

f) a loucura da consciência (S. João da Cruz, místicos);

g) a ordem da série de que o homem seria o número 1 e deus o zero e o infinito, seja enquanto causa interior da ordem, seja enquanto limite tendencial (Teillard de Chardin).

1.5.2. Deus é *isso*, o *vazio*, o *nada*, que está fora da ordem e de ordem. Deus, se existe, é *isso* que com o mundo e o homem nada tem a ver. Não sabemos se criador, se mantenedor, se ordenador, se destinador – não sabemos.

1.6. A imperfeição é tão constitutiva do mundo e do homem, reinado do mal, que falar de deus a seu respeito é pura blasfémia, se não motivo de riso. Postular que deus é bom ou mau, ou bom e mau, perfeito ou imperfeito, criador ou espectador do mundo, senhor de um outro mundo para além do mortal, é confundi-lo com propriedades e características especificamente mundanas e humanas.

1.6.1. Até ao século XXI, momento final da fase infantil e bárbara da humanidade, a ética fora pensada em função do deus único como ser supremo. Doravante, deverá ser pensada em função da harmonia da natureza como ser. Se, no passado, o homem se subordinava a deus, doravante, animal entre os aninais, ser vivo entre seres vivos, deverá subordinar-se ao todo da natureza terrestre como ser. Nascerá, assim, um novo estatuto para o homem, não o de pastor do ser, não o de cuidador do ser, não o de guardador do ser, apenas o de mais um ser de natureza, em igualdade face aos restantes. Todos se assemelham enquanto estruturas vivas reunitivas e dissipativas de energia, equilíbrios efémeros e provisórios no contínuo da natureza, como reza a nova ética ambiental. Com a generalização cultural desta nova ética, não existirá nenhuma diferença moralmente relevante entre o homem e os animais.

1.6.2. Deus não pertence ao humano, nem ao não-humano, nem ao anti-humano, nem ao a-humano. Encarar Deus como o trans-humano (Hegel, Sampaio Bruno) é ainda reduzi-lo ao humano, agora sob o pomposo nome de História. Centrar no ser do homem a caracterização de deus é pura blasfémia.

1.6.3. Deus, se existe, é totalmente exterior, transcendente (não diferente, não antagónico, não contraditório) à natureza, ao mundo e ao homem.

1.6.4. Deus, tal como a Europa o tem pensado nos últimos 2000 anos, é uma invenção humana. Foi inventado pelo homem como a única entidade que escapa ao mal. Foi (é) uma reacção infantil contra o mal. Uma reacção fundada na pretensão, no orgulho, alimentada pelo medo e pela rebeldia contra as faces do mal, a dor, o sofrimento psíquico, a violência, a morte e a escassez. Deus é, sempre, a última defesa contra o mal. Deus, com os atributos com que o temos pensado, tornou-se o protector do homem, vestido humanamente de pai.

1.6.5. Difícil hoje conceber semelhante infantilidade.

1.6.6. Porém, esta infantilidade organiza a sociedade ocidental desde há dois milénios. Deus é o fundamento do especismo humano.

1.6.7. Separar deus e mal, à entrada do século XXI, é descristianizar a Europa, isto é, ultrapassar a fase infantil e bárbara da humanidade e entrar na fase adulta.

1.7. Na fase infantil, o homem socorre-se do deus humano para se justificar e justificar a existência do todo. Na fase adulta, o homem justifica-se a si próprio, descrendo de leis deterministas e invariáveis explicadoras da sua existência.

1.7.1. Na fase infantil, o homem proclamou-se senhor da terra toda, filho e síntese superior do ser. Na fase adulta, figurar-se-á como elemento de um contínuo universal, elemento de uma rede universal de relações, de que se sente como um dos nós e que deve respeitar, sob pena de se exterminar como espécie, porventura exterminando a Terra como planeta vivo. O contínuo de vida em que o homem se insere supõe um todo, uma cadeia natural ininterrupta de organismos vivos.
Não é impossível que, no futuro, crédulo e temeroso, o homem atribua o nome de deus ao equilíbrio harmónico regulador desta cadeia relacional e universal.

1.8. No período intervalar entre os dois momentos, os séculos XIX, XX e XXI, a reflexão humana transplantou os atributos divinos para a História e para a Ciência, tecendo filosofias ilusórias que davam o homem como «senhor e mestre da natureza», da história, da sociedade. O positivismo, o marxismo, a psicanálise, o neo-positivismo, o cientismo, sofreram dessa exuberância humana de se supor reitora irrevogável do destino humano. Com a Alemanha e a União Soviética, essa presunção custou à Europa mais de 100 milhões de mortos. É o que acontece sempre que o homem se supõe deus, auto-idolatrando-se, seja na decadência grega, na decadência romana ou na actual decadência cristã.

1.9. Doravante, será crença comum, fundamento da moral e dos costumes (que o sangue e a história provaram) que o homem não tem maior tendência para o bem do que para o mal e que nenhum deus existe que lhe justifique as acções ou derradeiramente as redima.

1.10. Mais do que os códigos morais, serão os códigos jurídicos, fundados no objectivo preciso de privilegiar a paz, a segurança colectiva e o bem-estar individual, que prevalecerão. Acordos, contratos, pactos, que equilibrem balanceamentos sociais, buscando consensos institucionais, substituirão os antigos mandamentos e os antigos imperativos éticos. A fundamentação divina da moralidade extinguir-se-á, submergida pela força genuína dos interesses sociais. Nascerá uma moral do possível equilíbrio entre os homens e a natureza, fundada no princípio da igualdade na consideração do interesse de todas as partes, tendo em vista, não fazer o bem, mas evitar ou minimizar o mal. Viriato

Soromenho-Marques fala, não em moral racional livre, mas em «cooperação compulsiva».

1.11. O deus humano retirar-se-á definitivamente da consciência dos homens, deixando emergir, em seu lugar, puro e vibrante, intenso, *o sentimento de sagrado*, o mesmo que ora se encontra recalcado pelo discurso teológico e pelos preceitos institucionais das igrejas.

1.12. Porém, o sentimento do sagrado permanecerá vazio, sem objecto, sem religião, sem templo, sem liturgia, sem livro ou ensinamento sagrado. Será apenas um sentimento – o sentimento que une cada homem a cada homem e cada ente ao ser e todos a todos, ou tudo a tudo. Deus, vazio, constituir-se-á como o laço ontológico dessa união, o vínculo substancial e sentimental, espiritual e metafísico, mental e social dessa aliança. Cada homem será a sua religião, cada homem será o seu deus e cada partícula de espaço um templo, sem doutrina e sem liturgia, sem sacerdote nem teólogo, muito menos hierarquias, sempre indecentemente humanas.

2. NOVA FASE DA HISTÓRIA DA HUMANIDADE

2.1. O sentimento de sagrado, então, habitará o coração de cada homem. E cada acção humana, boa ou má, será, límpida, a acção de um deus.

2.2. A palavra «deus» não conterá mais sombra de verdade ou de absoluto, nem os seus contrários; deus não será espiritual nem material, racional ou sensível, não terá corpo nem alma, e não será incognoscível nem cognoscível porque estará fora de todas as possibilidades do conhecimento. E nenhuma palavra do mundo, nem todas juntas, nem todas as línguas, nem mesmo o sistema lógico-sintáctico que as articula, fazendo nascer as palavras na boca do homem, espelhará a sua existência.

2.2.1. Deus, se existe, por existir como deus, é radicalmente paralelo à existência natural e humana, em nenhum ponto deus e esta se encontram, nem no princípio, nem no fim. Nem é criador do homem ou do mundo – seria uma contradição nos termos –, nem seu julgador final – o que pressuporia uma responsabilidade humana perante deus e de deus perante o homem. Deus, se existe, nem sabe que o mundo e o homem existem, e se o soubesse ou viesse a saber, nem os compreenderia, contemplando-os como uma forma bizarra de existência, como uma criança europeia no jardim zoológico, admirando o floreado exótico de cores e formas no dorso do tigre, da cobra, do leopardo, do lince...

2.3. A infantilidade e a barbárie do homem da civilização ocidental durará tanto quanto deus for pensado humanamente, ou, como nos séculos XIX e XX, o homem se pensar divinamente, utilizando a História e a Ciência para de si guardar uma poderosa imagem.

2.3.1. A necessidade de se apagar deus no interior do homem é condição vital para o nascimento de uma nova civilização, não ateia ou religiosa – referenciais pertinentes à anterior mentalidade infantil do homem –, mas eminentemente humana, a primeira sociedade humana criada à medida do homem, ser animal, tão adaptativamente fraco quanto forte, tão mau quanto bom, tão justo quanto injusto, tão inteligente e sábio quanto interesseiro e ignorante, tão racional quanto sentimental.

2.4. A humanidade tornar-se-á adulta quando cada homem aprender na escola elementar, com força imperativa de lei, que ele próprio, cada um e todos os homens, se estatuem como o mais brilhante nada, nascido fruto da contingência de um equilíbrio provisório de forças naturais e sociais; e, portanto, a solidez da sua existência é tão imperativa quanto a sua não existência. Sim, por acaso existem, mas podiam não existir.

2.4.1. Ser o homem um nada significa que cada geração inventa o seu passado, recriando a História, prometendo um futuro que nunca alcançará.

2.4.2. Ser o homem um nada significa que nenhum homem é superior a outro, que a espécie humana, emergindo do ser por evolução, em nada é superior a outra.

2.4.3. Ser o homem um nada significa, igualmente, que não existe causa necessária nem fim último para a sua existência, um mero ser entre os seres, com propriedades e necessidades próprias.

2.4.4. Ser o homem um nada significa, também, que, colectivamente, pode tornar-se em tudo, isto é, que não possui limites fixos para a sua natureza e que, por si ou por meios técnicos, tudo lhe será permitido, inclusive subverter a sua natureza animal, inclusive criar um reino exclusivamente maléfico, destruidor de outros seres, homens ou animais, ou, ao contrário, um reino benéfico para si e para os restantes seres.

2.4.5. Ser o homem um nada significa, assim, que, liberto dos ilusórios constrangimentos morais impostos pelo cristianismo, o homem tem consciência de que nenhuma lei o comanda, nenhum determinismo conduz a sua biografia, nenhum necessitarismo conduz a História, que esta é sempre um lugar aberto de uma extensa feira popular, onde todos têm lugar mas nem todos ocupam os lugares centrais. A imprevisibilidade, a fortuitidade, o acaso dos encontros, a guerra das vontades imporão a ocupação dos lugares centrais. Não a força nem a sabedoria, menos a beatitude. Assim, todas as teorias providencialistas que cerceiam o futuro em limites necessaritaristas serão condenadas ao fracasso.

2.4.6. Ser o homem um nada significa que este se assume, definitivamente, como um ser (sobretudo) maligno, que o mal é constitutivo e primordial no coração humano. As leis jurídicas, os princípios éticos e as regras sociais estatuem-se como prevenção do mal no coração do homem, e não como regulamentação do bem.

2.5. Cada homem deve estar prevenido contra a irrupção do mal que a todas as horas lhe pode bater à porta. Mais o mal do que o bem ameaça continuamente a porta da casa do homem. Homem sábio não é o que pratica o bem, mas o que se previne contra o mal, prevenindo os outros.

2.6. Há 2000 anos que a civilização europeia se fundou na crença de que Jesus Cristo teria resgatado o mal do coração do homem – um novo mito após a morte das mitologias greco-romanas. O mal teria sido vencido. O corpo de Jesus Cristo foi oferecido como resgate e penhor da vitória do homem sobre o mal. Deus triunfara sobre o rival diabo, ofertando-lhe em troca o sofrimento divino de seu filho, Cristo – o novo grande mito criado pela Europa, estendido ao mundo inteiro através de Lisboa e Madrid, dominando-o. Mas o mal continuou a infestar a Europa e a humanidade, e, contra a esperança das primitivas comunidades cristãs, a fome, a violência, a dor, o sofrimento, a escassez, permaneceram e têm permanecido reis e rainhas da acção humana, agora comandada pelos próprios cristãos. O diabo (o mal) enganara deus (o bem), vencendo o primeiro casal humano pela tentação espiritual (comer o fruto da árvore do bem e do mal) e pelo desejo de posse (saber tanto quanto deus); deus enganara agora o diabo – se este libertasse a humanidade da escravidão do pecado (o mal), deus dar-lhe-ia em sacrifício o seu próprio filho (Cristo, o bem), que, como filho de deus, não poderia ser vencido pelo mal. No mito cristão, os dois deuses trocam mentiras e enganos, assemelhando-se ao homem nas suas relações sociais de poder. A religião cristã nasceu, assim, como um equilíbrio entre poderes divinos sobre o homem, ora lhe subtraindo a sua maldade constitutiva, ora impregnando-a desta, desculpando-a. O homem europeu dos séculos XIX e XX encarou a luta entre os poderes divinos como reflexo da luta entre poderes humanos. O cristianismo tinha sido a mais bem-sucedida teoria do poder político, o mais completo abafamento e domesticação do poder humano quando este assumira a sua maledicidade constitutiva na bacia do Mediterrâneo sob a forma de Império Romano.

3. MAL E DEUS

3.1. O mal é ontologicamente primário, o bem secundário (um arranjo ou equilíbrio instável e provisório contra a violência, a dor, a destruição e a morte). Este possui valor artificial, moral, apenas humano.

3.1.1. O bem não é o contrário do mal. Existe uma tensão essencial entre mal e bem. O primeiro assume o centro e o segundo a periferia, enquanto limite daquele.

3.1.2. O cristianismo ergueu a ilusão humana da existência primordial do bem concentrada num ser único designado por deus e vinculou o mal ao homem e ao mundo. O paraíso constituiria a prova de que o plano de deus para o homem seria exclusivamente bom e o diabo a entidade divina subversora deste plano, tentando o homem. O diabo é o outro, o que subverte, o que revoluciona, o que altera radicalmente o estado de coisas. Deus é sempre um deus comunitário, o «nosso» deus, zelador derradeiro dos «nossos» costumes, da nossa visão do mundo, da nossa mitologia, da nossa ideologia, contra o deus alheio, os costumes alheios, antropologicamente diferentes, de outras comunidades ou de tempos futuros que se anunciam.

3.1.3. A fase infantil da humanidade não encontrou outro modo de afirmar o seu poder senão a de figurar a divindade, o espírito do ser, encarnando-o no deus de cada comunidade, sociedade, civilização, combatendo e destruindo as restantes.

3.1.4. Ireneu de Lyon (séculos II-III), tornou-se um bispo feliz com a descoberta da razão da existência do mal: deus permitira o mal como aguilhão no caminho do bem. Doutrina inteligente. O mal: causa de ascese de purificação. Na ilusória luta do homem contra o mal, a alma humana aperfeiçoar-se-ia, vencendo a tentação da carne e do mundo, do poder e da sabedoria. A vida de Cristo, triunfadora do mal pelo auto-sacrifício e imolação, estatuir-se-ia, assim, como modelo de imitação. Nasceram assim as diversas «imitações de Cristo» por toda a Europa, ainda hoje presentes em algumas procissões pascais. O mal tornara-se, assim, uma *necessidade ética*, fonte de valores que deveriam ser recusados e combatidos. Para os combater, seria necessário ocupar e dominar o poder político e organizar a sociedade privilegiando a visão divina, isto é, a igreja católica. Eis a teologia cristã e a mitologia do cristianismo em estado puro. Ireneu, simples bispo, tornou-se santo da igreja. Legitimada estava a origem e o fim da intervenção do sacerdote na cidade. A ditadura de deus estender-se-ia por todo o Ocidente durante mil e trezentos anos e os seus fortes reflexos por mais quinhentos. Finalmente, hoje, princípio do século XXI, tendemos a abandonar a fase infantil da humanidade e a combater o mal sem o abafador peso de um deus humano.

3.2. O que humanamente designamos por mal é universal e absoluto, e o bem, pensado como harmonia e perfeição activa, existe apenas de um modo provisório e temporário. Neste sentido, o bem é apenas um arranjo que perdura, um equilíbrio que se mantém, auto-replicando-se.

3.3. Assim:

a) O mal é substancial, o bem acidental;

b) O mal é um estado permanente, o bem um estado provisório;

c) O mal é ontológico, o bem ôntico;

d) O mal é ético, fonte da ética; o bem, da moral;

e) O mal é a acção natural, o bem uma reacção, um artifício para aplacar e controlar o mal.

3.4. Um deus só bom constitui a maior falsidade inventada pelo homem, causa exclusiva de conforto mental e segurança social, despido o homem da sua naturalidade animal, elevado à imitação santificada de um bom deus – imagem no espelho da infantilidade humana, senhora dos animais e do ser, ambos disponíveis para a destruição ou subversão.

3.4.1. Um deus no céu, um sacerdote na terra, massas miseráveis nas cidades, um animal no jardim zoológico e uma terra esventrada – eis a que conduziu a teoria do deus bom: fase infantil e bárbara da humanidade.

3.4.2. Se libertarmos o homem de deus, não somos por isso obrigados a negar a existência de deus. Muito pelo contrário. Seremos apenas obrigados a postular que, como ideia, ou mesmo como existência, a essência de deus é tão estranha ao mundo e à mente humana que dela não podemos dar conhecimento nem com ela estabelecer nenhuma relação, nem mesmo imaginar as modalidades da sua existência. A única possível relação com deus é individual, isto é, da ordem da mística, isto é, da ordem do inefável, expressão do sentimento do sagrado, isto é, do mistério de deus.

3.4.3. Libertar o homem do cadáver de deus que arrasta aos ombros desde há 2 mil anos significa que o homem se assume como homem em plenitude e deus como deus em plenitude. Do homem, reconhece-se a natureza constitutiva de animalidade e espiritualidade, animal entre animais, ser entre seres; de deus, reconhece-se a sua transcendência, não mais, apenas a total transcendência.

3.4.4. Face à ética, significa, igualmente, assumir a maledicidade (não a «malignidade», vocábulo de sentido civilizacional negativo e depreciativo; «maledicidade» é, assim, um vocábulo axiologicamente positivo, indicativo do ser do homem, como o mal-agressão em K. Lorenz) constitutiva do homem fundada no desejo de posse e no desejo de domínio, as duas colunas com que o homem ergue a arquitectónica da auto-estima, o seu amor-próprio, ou, numa linguagem mais filosófica, a imagem pela qual para si próprio cada homem sintetiza e unifica a consciência de si e projecta sobre os outros a sua presença, evitando ou minimizando o mal.

TEORIA DO MAL
E DA FELICIDADE

1. O MAL: PRINCÍPIOS

1.1. O mal não é uma característica exterior ao homem, a ele adicionada ou com ele contingentemente cruzada, mas o que de mais profundo e essencial existe nas suas células – a capacidade de auto-decomposição e auto-desagregação por efeitos internos ou por causas externas, como a violência de um tumor, de um veneno ou de uma intoxicação.

1.1.1. O mal nasce do íntimo do homem, não sob a figura longínqua da morte, mas da permanente consciência da fragilidade do corpo e do espírito em forma de doença, de vício, de mania, de obsessão.

1.1.2. O arquétipo mental do mal nasce com os sonhos infantis (C. G. Jung), o terror de desagregação da normalidade parental e social que sustenta a consciência quotidiana – o medo do desaparecimento dos pais, da falta de alimento, da carência sentimental, do pavor da perda, a ameaça da dor e da violência interiormente sentidas, não como privação ou deficiência do bem, mas como sombras reais permanentemente activas, que o bem apenas suaviza.

1.1.3. O mal é o princípio da destruição de um ser, da sua identidade, biológica, física ou moral, da sua quididade ou essência – a ameaça de escassez, que lhe reduz o desejo de posse, a supervalorização do poder dos outros, que lhe reduz e humilha o desejo de domínio, a incapacidade de ver a sua imagem como a de um ser física, social e moralmente realizado.

1.1.4. O sentimento de felicidade emerge na consciência quando as quatro faces primitivas do mal são figuradas como ameaça longínqua: a escassez, a dor física, o sofrimento psíquico e a morte.

1.1.5. O mal é o princípio da desagregação do estado harmónico da consciência individual. A felicidade reside na consciência da perdurabilidade daquela harmonia. Como escreveu Aristóteles em *Ética a Eudemo:* «a felicidade parece ser de uma completude plena e auto-suficiente, sendo o fim último de todas as acções possíveis.» Numa palavra, a felicidade reside num sentimento de plena harmonia. Em outra passagem deste livro, Aristóteles refere que «ser feliz é o mesmo que viver bem e passar bem» (traduções de António Castro Caeiro, Quetzal, 2009), isto é, em harmonia. A felicidade é, assim, o maior bem possível – a harmonia do espírito com a mente, desta com as emoções do corpo, todos unificados numa consciência realizada, afastada da ameaça directa do mal. Numa palavra: ser feliz é, não sentir-se imune a todo o mal, mas possuir a consciência de residir o mal longe da vida pessoal e familiar.

1.1.6. O mal reside na perversão do equilíbrio de um ser consigo próprio, isto é, com os seus princípios físicos, biológicos, sociais ou morais constitutivos.

1.1.7. O mal é a consciência da provisoriedade do ser, permanentemente ameaçado pela dissolução, a decomposição, a fragmentação, numa palavra, pela destruição.

1.1.8. Assim concebido, o mal é o que de mais extenso existe na natureza, o mal é profundamente democrático e o bem aristocrático, o mal convive connosco e o bem só de quando em vez, em momentos de harmonia (biológica, psíquica e social).

1.1.9. Pelo mal, a natureza revitaliza-se, e a humanidade também, decompondo-se historicamente para se reconstruir com novas qualidades, não necessariamente moralmente superiores.

1.2. Ontologicamente, o mal é essencial, e o bem, preservando a identidade essencial de um ser (um ser vivente), acidental, provisório, não raro fruto das circunstâncias, isto é, do cruzamento de uma pluralidade de acasos.

1.2.1. Nada de mais positivo e privilegiado existe do que o mal, nada lhe antecede na ordem do tempo, nada lhe é anterior para que – depois –, pelo seu efeito, o positivo se evidencie. Pelo contrário, o mal é o positivo, permanente e universal. Por ele, as civilizações são revolucionadas, as gerações substituídas, os seres vivos transformados.

1.2.2. O bem reflecte apenas equilíbrios estáveis no seio de uma ininterrupta instabilidade. O mal é a instabilidade.

1.2.3. A geologia é o puro reino do mal; nela, a destruição, se acontecida, é absoluta; nela, o ser fica reduzido ao nada, denunciado por indícios. Na biologia, o bem – o equilíbrio harmónico de um ser vivo – conserva-se sobre o mal da destruição, não vencendo este, mas perseverando a existência através da reprodução e da hereditariedade, isto é, um ser persevera através de outro.

1.2.4. No homem, ser de profunda complexidade biológica, ao bem natural da perseveração da identidade através da reprodução junta-se o bem social, a perseveração da identidade familiar e cultural.

1.3. O mal, no entanto, é sempre o mesmo: o princípio da dissolução de um ser, seja enquanto fundamento (a sua identidade constitutiva), seja enquanto temporalidade (a sua provisoriedade ou transitoriedade).

1.3.1. Enquanto fundamento, o mal é o constitutivo ontológico de um ser, o superior entre todos, o que domina e define essencialmente o ser, revelando a sua intrínseca finitude.

1.3.2. Enquanto temporalidade, o mal estabelece os limites provisórios e finitos do ser.

1.3.3. Porém, a finitude não se constitui como princípio ontológico do mal, mas a sua consequência. A finitude é uma consequência do mal, não seu elemento constitutivo.

1.3.4. A finitude reside na incapacidade de um ser ultrapassar as características identitárias que o definem. A finitude delimita o espaço e o tempo ontológicos de um ser, demarcando-lhe o campo de possibilidades, negando-lhe a superação deste.

1.3.5. A finitude é uma consequência, não um princípio.

1.3.6. O campo ontológico de um ser nasce, assim, do limite explorado pela sua identidade. Exigir-lhe mais, é fracassar; menos, é considerá-lo não realizado.

1.3.7. A provisoriedade de um ser, elemento constitutivo da sua maledicidade, reside na sua duração, sempre limitada, condenando-o ao nada. A preservação de um ser através de outro é uma das maiores conquistas do bem biológico, prolongando, não a identidade do ser, mas as suas características finitas, vivendo, de certo modo, uma aparência de infinitude e imortalidade.

1.3.7.1. Neste sentido, a vida constitui o maior bem possível do ser, também o mais frágil, continuamente ameaçado pela morte.

1.3.8. O campo ontológico de um ser, limitado pela finitude e determinado pela provisoriedade, sustentado permanentemente pela dissolução, define-lhe igualmente o campo do bem, estatuído como exploração das possibilidades do ser.

1.3.9. Assim, libertarmos o homem de deus no século XXI significa radicar a ética na ontologia, cortando esta da sua raiz metafísica e teológica.

1.3.10. O bem é definido pelo campo ontológico e o mal pelo seu elemento permanente de destruição, anterior, posterior e fundamentador, como substância universal do mundo. Literariamente falando, o bem é uma ilha na periferia do mal, figurado como um oceano.

2. O MAL NÃO É UM MISTÉRIO

2.1. O mal não é um mistério, ele é o que por toda a parte existe e substância mais universal não existe. O mistério reside na existência do bem, na existência de equilíbrios estáveis conquistados ao caos primitivo e às forças da destruição, perseverando sobre e a despeito do mal. Que haja equilíbrios realizados e duradouros vencendo a instabilidade permanente, a destruição, o caos, que estes equilíbrios se reproduzam biologicamente, que haja acções morais exemplares na vida de cada homem – isso, sim, é um mistério.

2.1.1. O mal não é um mistério, deus é um mistério. Deve-se a um preconceito filosófico da nossa civilização (igualdade entre deus e bem) que realidades tão concretas como a destruição de um ser (um homem, uma floresta, uma cidade), a violência física ou psicológica, o sofrimento moral, sejam consideradas causa ou origem de mistério. O mistério é da ordem lógica da explicação, consistindo num conjunto de factores que, reunidos, não aclaram a emergência de um facto. O mal é da ordem dos factos – existe, acontece, é visível e explicável, possui causas, gera consequências: a criança que morre com fome, outra com um tumor no cérebro, uma casa é assaltada, o seu recheio furtado, um empregado faz um desfalque na empresa, levando-a à falência, um terramoto assola um território, destruindo pessoas e bens – que mistério existe nestes factos, não são eles plausivelmente explicáveis? Um fumador é atormentado por um cancro nos pulmões, um idoso sofre um acidente cardiovascular, uma senhora escorrega no passeio e parte uma perna, uma adolescente, pressionada por carência de dinheiro, prostitui-se, vendendo o seu corpo, uma mãe perde um filho – que mistério existe nestes factos? Não encontram eles uma explicação convincente? Porque há-de o mal ser um mistério senão para mascarar o poder social do teólogo e do sacerdote?

2.2. Não o mal, sim o bem – eis o mistério.

2.3. Deste modo, o mistério não reside na morte – expressão do mal universal –, sim na existência de vida – o segundo e último mistério da existência.

2.4. O bem não nasceu contra o mal, mas sobre o mal; o ser não nasceu contra o nada, mas sobre o nada; a vida não nasceu contra o caos, mas sobre o caos, como o equilíbrio provisório do ser não nasceu contra a desagregação, mas sobre a desagregação.

2.5. Em termos humanos, a permanência do bem é heróica, épica, uma odisseia da existência – e o heroísmo existe, não se explica.

2.6. O campo ontológico de um ser identifica-se com as suas possibilidades e a sua provisoriedade. Ou seja, o campo ontológico de um ser identifica-se com o campo ontológico do bem, permanecendo e reproduzindo-se (nos seres vivos).

3. O BEM: PRINCÍPIOS

3.1. O ser também é o bem e o bem, o ser. Ambos possuem o mesmo campo ontológico de possibilidades, que, esgotado, realiza o ser (o bem), e frustrado, coarctado nas suas possibilidades, o arruína (o mal).

3.2. Sob o ser e o bem, como elemento universal em que ambos se postulam, o mal, substância do mundo.

3.3. No ser do homem, o bem define-se pelo seu campo ontológico, isto é, pelo seu campo de possibilidades, tanto como ser biológico quanto como ser social e cultural.

3.3.1. Deste modo, a maledicidade no homem reside na limitação (provisoriedade) do seu campo ontológico, que inclui, à semelhança dos restantes animais, uma dupla pulsão ou um duplo desejo inscrito na consciência como tentativa de *antecipação e superação do mal:* o desejo de posse, gerado enquanto autoconsciência biológica da escassez (a fome, a sede), e o desejo de domínio, gerado na consciência como defesa contra a violência dos outros, afastando ou dominando as suas causas (a dor, o sofrimento, a morte).

3.3.2. Pulsão ou desejo exprime uma carência biopsíquica que ardila comportamentos em função da supressão dessa carência. Neste sentido, as pulsões ou desejos de posse e domínio enfraquecem a ameaça do mal. Possuímos para combater a escassez de recursos, dominamos para afastar as ameaças de dor, de sofrimento, de violência exterior, segundo o princípio ilusório de que quanto mais se possui ou se domina menos se é ameaçado pelo mal.

3.3.3. Assim, no homem, o mal ético não reside apenas na escassez de recursos, na violência, na dor, no sofrimento psíquico e moral, na destruição da individualidade do ser (a morte). Recolhe na consciência de cada homem o conteúdo social e histórico da sua época, identificativo do mal com os grandes terrores colectivos (a peste e as catástrofes; a face e o nome do inimigo da comunidade...).

3.4. O mal ético reside, pois, no centro da consciência de cada homem. A ética possui, assim, um conteúdo histórico, espalha-se pela história, representando-se em novas faces em cada geração. O mal é sempre o mesmo (a permanência absoluta da desordem, da destruição, da instabilidade, do desequilíbrio, a recorrente ameaça de regresso ao caos da decomposição).

3.5. As antigas éticas consideravam o bem como o primeiro conceito dos seus estudos.

3.6. O primeiro conceito da ética reside no mal, substância do mundo.

3.7. A ética estabelece as modalidades da existência do mal, a moral o modo de o prever, controlar e minimizar em cada época e cada geografia.

3.8. O mal existe, é universal e não pode ser eliminado. As intensidades do mal são variáveis e o seu grau de afectação (as consequências) relativo. A sua existência, porém, é absoluta.

3.9. Neste sentido, o homem é por natureza mau, como todos os seres vivos, dominado pelos desejos ou pulsões de posse e domínio, expressão analógica da adaptação biológica nos restantes seres vivos.

3.10. A humanidade do homem reside na capacidade de fazer o bem, diminuindo, controlando ou evitando o mal. A morte é absoluta, universal e substancial; aumentar a esperança média de vida dos povos e das pessoas é um acto bom.

3.11. Identificando-se o bem com o campo ontológico do ser, identifica-se simultaneamente com a plena realização da individualidade de um ser (rocha, cristal, célula ou órgão de um corpo, planta, animal, homem). Neste sentido, a reprodução biológica (vírus, célula, órgão ou corpo) expande o bem para fora da individualidade constitutiva do ser, superando a provisoriedade constitutiva e os limites finitos do ser.

3.12. No seio da natureza, a reprodução biológica é, deste modo, o maior e superior bem, vencendo a morte física.

3.13. O bem corresponde, assim, a tudo o que contribua, num tempo e num espaço civilizacionais, para a perseveração integral da especificidade de um ser, e o mal a tudo o que o impeça, frustre ou destrua.

3.14. Na tensão entre a perseveração e a destruição, só existem equilíbrios provisórios, não permanentes, o mal impera e vence sempre.

4. O DEVER MORAL

4.1. No nível biológico, o dever consiste na perseveração da existência de um ser, não ilimitadamente e sob todos os meios. Sem consciência de si mental e espiritual – especificidade do ser humano –, é admissível a anulação da existência (eutanásia), já que a perseveração actual do corpo exclusivamente por via tecnológica (artificial) supera o campo ontológico de possibilidades do ser humano.

4.1.1. O parágrafo anterior aplica-se a todos os seres sencientes.

4.2. No nível individual e social, o dever consiste na obtenção da realização mundana de um ser, isto é, na máxima exploração do seu campo de possibilidades.

4.3. Não existe dever moral (rituais de casamento, interdependência com outros, sentimentos de vergonha, remorso e culpa, atitudes de responsabilidade, lealdade, honestidade...) que não se subordine ao dever social.

4.3.1. O dever moral (fazer o bem) não possui autonomia face ao dever social (cometer actos bons, que perseverem a vida, a saúde, a riqueza da comunidade), sendo este determinante e dominante. A autonomia do dever moral é ilusória, véu de argumento retórico, máscara religiosa, política e ideológica que, desvelada e desmascarada, se reduz à dominância e sobrevivência social de grupos.

4.3.2. O dever moral, por si, autónomo, independente, situado numa esfera intemporal, exterior à sobrevivência de grupos e às mutações sociais, não existe. O dever moral intemporal, universal e necessário, é, em nós, homens do século XXI, uma reminiscência da fase cristã da Europa, do absolutismo teológico dominador das consciências, inculcador da existência de um bem absoluto e acrónico, transcendente, reproduzido socialmente através de um conjunto de virtudes (a honestidade, a humildade, a solidariedade, a piedade, a misericórdia...).

4.3.3. Simples forma espiritual, o dever moral pressupunha cristã e kantianamente a existência de pressões ou constrangimentos espirituais (a vontade boa como infinita) próprios da «pessoa» humana. O remorso, a angústia, a compaixão, o pecado, eram definidos em função do incumprimento do dever moral.

4.3.4. Presente o dever moral na consciência de um modo constitutivo, não se entende como o soldado teria prazer em matar, o ladrão em roubar, o especulador em ludibriar, o violentador em estrupar – o alemão em matar o judeu, o frade inquisidor em torturar o herético, o polícia político russo em mutilar o opositor do regime, o conquistador em chacinar ou escravizar as comunidades conquistadas, apoderando-se do território.

4.3.5. Violentar, matar, roubar, mutilar, estrupar, torturar, assassinar cruelmente, acções normais do homem, impulsionadas pelas pulsões de posse e domínio, apresentavam-se, na fase infantil e bárbara da humanidade, como perversões, entorses, manias, aleijões, particularidades, até singularidades, da «pessoa» humana universal que o Estado deveria corrigir, internando o prevaricador em «casas de correcção» e prisões, reeducando-o, ensinando-lhe um ofício, forçando-o a trabalhar como expiação do mal cometido. No final, tudo cumprido, o equilíbrio de forças do bem encontrava-se restabelecido, o mal, como defeito ou privação do bem, teria desaparecido, e os prevaricadores convertidos no que sempre tinham sido, bons (uma ilusão teológica que nem a continuidade permanente da guerra, as matanças colectivas, a miséria generalizada, o domínio imperial da doença e da dor conseguiam destruir).

4.4. Neste sentido, não existe dever moral que não seja expressão de constrangimentos sociais levantados pela consciência da comunidade. A moral, campo do bem, combate o mal por via de meios históricos socialmente determinados.

4.4.1. Assim, se a eutanásia é hoje proibida e moralmente ilegítima, no futuro, face à abundância de pessoas com idade avançada, de corpo preservado artificialmente, não será impossível que seja legal e moralmente consentida, à semelhança, aliás, da interrupção voluntária da gravidez (o aborto, de proibido legalmente e moralmente condenável, tornou-se prática médica e social rotineira).

4.5. O sentimento de culpa reside na divisão da consciência de si do ser do homem entre a necessidade coactiva de cumprir o dever moral (apresentado educativamente como fonte de recompensas espirituais ou materiais e fonte do conformismo comunitário) e a sua liberdade constitutiva, a exploração do seu campo de possibilidades, que o favorece num outro sentido, atiçando-lhe o desejo de exploração de outros modos de vida, outros costumes.

4.5.1. No sentimento de culpa reside o traço de união (verdadeiro, não mascarado) entre ética e moral, o ponto em que ambas as disciplinas ou estudos se interceptam, a *moral* conservando coesa a consciência de si de uma comunidade, a *ética* impelindo a expansão de cada elemento da comunidade por via da exploração da sua liberdade (campo ontológico de possibilidades de um ser). Deste conflito nasce a consciência de culpa.

4.5.2. A consciência de culpa nasce, assim, do conflito entre o dever moral e o ser, entre a adesão à consciência de si da comunidade (o dever moral) e a liberdade (activação do campo individual de possibilidades).

4.5.3. A consciência de culpa figura uma consciência cindida, sofrida, mas não uma «consciência infeliz» ontológica ao modo de Hegel, apontando simultaneamente para a obediência à moral e a obediência à ética; pela primeira, respeita o dever moral comunitário, pela segunda, a liberdade; pela primeira sabe-se participante de um todo, pela segunda sabe-se singular.

5. A ANGÚSTIA

5.1. Desta cisão nasce a angústia humana, expressão de uma consciência dividida, a consciência de culpa.

5.2. A metafísica da angústia, como teorização da especificidade do ser humano, consistiu na laicização filosófica oitocentista e novecentista do pecado original. Assim, verdadeiramente, não existe metafísica da angústia, sim uma retórica filosófica sobre a angústia (Kierkegaard, Sartre, Marcel, Heidegger).

5.2.1. Porém, a angústia não se resume a um simples estado psicológico.

5.2.2. Não há forma de escapar ao sentimento de angústia, ponto de encontro entre dever (moral) e liberdade (ética).

5.3. Na angústia humana reside o mais alto sentimento expresso pelos princípios éticos da provisoriedade, da liberdade e da sua expressão nos desejos de posse e domínio.

5.3.1. Desejo, pulsão biológica, não é acto, realização. Entre o desejo e a realização levanta-se a angústia.

5.4. Ontologicamente, a angústia nasce da possibilidade do não cumprimento do campo de possibilidades do ser do homem, subordinado ao dever moral comunitário, pressão coactiva moral e social, anulador ou conformador da liberdade.

5.5. Assim, é impossível a existência de dever moral sem culpa, de liberdade sem angústia e de realização sem insatisfação do desejo. Por isso é a angústia humana universal, comum a todos os homens, existente em todas as comunidades.

5.5.1. A universalidade da angústia, porém, não é suficiente para a elevar a centro de uma nova metafísica, seja teológica, seja existencialista.

6. A POLÍTICA

6.1. Se o mal é universal e o bem acidental, provisório, a política estatui-se como arte de prevenir ou remediar o mal, não como arte de generalizar o bem. Dito de outro modo, o bem, quando realizado, figura-se consequência da previsão e prevenção do mal, activando o campo de possibilidades (o bem) de cada cidadão.

6.2. O bem nasce da luta sobre o mal: construir um hospital é, directamente, prevenir a doença e adiar a morte; só indirectamente pode ser assumido como bem – um bem que está ao serviço do império do mal (a morte).

6.3. O melhor regime político, seja plural, seja absolutista (antigas ditaduras), seja unicitário (futuras ditaduras técnicas de controle informático), é aquele que com menos meios previne um maior mal (escassez, catástrofes, doença, dor, sofrimento, ignorância popular), contendo em limites comunitários os desejos de posse e domínio dos seus súbditos.

6.4. A cooperação ou o concurso consentido por todos ou pela maioria para uma obra comunitária significa, sobretudo, não fazer o bem, mas diminuir a potência ameaçante do mal.

6.5. *Não fazer o bem, mas combater o mal – define o melhor regime político.*

6.6. Uma sociedade funda-se no encontro de vontades individuais (e, posteriormente, institucionais) para escapar ao mal, não para cumprir o bem racional ou ideal.

6.6.1. É uma ilusão pretender que o homem escolhe racional e livremente o bem; escolhe evitar o mal, o que significa privilegiar a segurança e a normalidade institucional face à liberdade.

6.6.1.1. Em todos os tempos, a segurança prevaleceu sobre a liberdade. Apenas quando a segurança do pequeno número de homens que controla o Estado põe em causa a segurança da maioria, esta invoca a liberdade.

6.7. A transformação do estado de natureza em estado de sociedade reside, não num fim humanístico preciso (generalizar o bem pelo maior número, J. Rawls), não numa apropriação de privilégios pela minoria detentora do poder (K. Marx, F. Engels), mas, sobretudo, numa conjunção do esforço comunitário no sentido de evitar o mal. Cada um por si, cada família por si, cada grupo por si, não é suficiente para evitar a ameaça do mal.

6.7.1. Neste sentido, a passagem do estado de natureza para o estado de sociedade não provoca uma alteração na essência do Estado; reside numa alteração de grau, não de natureza do Estado; é apenas uma alteração de estrutura organizativa: uma minoria, com a cumplicidade da maioria, activa os mecanismos que evitem o mal. O homem continua a ser o mesmo, a comunidade a mesma, o mal o mesmo – os meios para evitar o mal tornam-se mais precisos, mais bem organizados.

6.7.2. Assim, a passagem do estado de natureza para o estado de sociedade é uma *ilusão* criada pela racionalidade historicista. Nunca existiu esta passagem.

7. A JUSTIÇA

7.1. A ética é universal e fundamenta-se na ontologia; a moral constitui a expressão histórica e social da ética e é tão mutável quão mutável a mentalidade social, no tempo e no espaço.

7.2. A ética centra-se no duplo desejo intrínseco ao ser do homem: a posse e o domínio, e na liberdade como exploração do campo ontológico de possibilidades do ser do homem. O bem foi criado para compensar o mal universal, contendo-o, não o eliminando.

7.3. A moral, consoante o tempo e o espaço, cria em cada ser do homem os limites da sua realização, que são os limites epocais e culturais do campo ontológico de possibilidades. A moral prescreve o que não se deve fazer para que o campo ontológico de possibilidades do ser homem individual não seja esmagado ou anulado.

7.4. A moral, consagrada em lei pelo Estado, designa-se «justiça», estabelecendo as regras de convívio mundano, intracomunitário, criando constrangimentos mentais e pressões institucionais que preservam a consciência de si comunitária, regulando a imprevisibilidade dos comportamentos individuais, limitando assim a realização do desejo de posse e do desejo de domínio.

7.4.1. A interiorização mental pelas novas gerações destas leis e regras gerais de comportamento constitui a substância das instituições sociais (Família, Escola, Religião, Estado...). A moral dominante, assim reproduzida, designa-se por «educação oficial».

7.4.2. Pelo Direito, a moral social impõe um conjunto de modelos imperativos de comportamento para além e para aquém dos quais a comunidade se considera ameaçada na sua sobrevivência: o crime. Define-se assim a sanção moral, fonte da sanção penal.

7.4.3. O Direito, como consciência de si jurídica da comunidade, nasce da moral, estabelecendo o quadro legal normalizador da comunidade. O Direito possui, assim, as características de mutabilidade social pertinentes à moral.

7.4.4. Nada de absoluto existe no Direito, como nada de absoluto existe na moral, nem mesmo o imperativo «não matarás», transformado em «matarás» logo que a comunidade, por via dos representantes institucionais, se sente ameaçada no seu duplo desejo de posse e domínio.

7.4.5. A diferença entre Direito e moral é apenas de ordem qualitativa: o Direito é legalmente imperativo, a moral socialmente coactiva, imposta por via de normas consensuais.

7.4.6. A norma jurídica, padrão máximo de segurança da comunidade, constitui-se como legado histórico desta ao nível da expressão da conservação da comunidade. O que a supera, por defeito ou excesso, designa-se por «crime».

7.4.7. A norma moral orienta socialmente os membros da comunidade, evidenciando o conjunto de vantagens que os seus seguidores obtêm face a outros que desafiam a consciência de si da comunidade.

7.5. Assim, a moral, ainda que coactiva, nunca ultrapassa o mero arranjo de um cálculo entre o dever e o poder. A liberdade, acima definida, rompe este cálculo, superando o equilíbrio moral da comunidade, forçando a consciência de si da comunidade (Estado, Forças Armadas, Forças de Segurança, Direito) a reagir, anatemizando os contraditores.

8. O ESTADO

8.1. A origem do Estado reside neste ponto de não-retorno entre moral e Direito, entre mutação e cristalização, entre «mal» e «bem» morais na consciência de si da comunidade, na tentativa por parte desta de encontrar um ponto de equilíbrio entre liberdade e responsabilidade, acima definidas. Neste sentido, é correcta a asserção: «O Estado não tem moral, tem interesses...» Com efeito, ainda que toda a organização ideológica do Estado esteja impregnada de uma moral, por se acordar com as funções que a comunidade depositou no Estado enquanto vigilante da sobrevivência da comunidade, a acção do Estado é perspectivada como «natural» pelos membros da comunidade. Mudado o tempo, a moral que coroava a actividade do Estado torna-se visível e histórica, ostentando os preconceitos morais que o fundamentavam, não raro condenados pelos tempos posteriores.

8.2. O Estado afigura-se, assim, como a consciência de si das instituições formadoras da comunidade, determinando como «absolutos» o território (desejo de posse) e a «história da nação» (desejo de domínio).

8.3. No regime de democracia contemporânea a desigualdade é estatuída como uma fraqueza moral, condenatória do indivíduo como cidadão. A desigualdade, porém, não é nunca uma fraqueza, antes a mais sólida das fortalezas. O ser existe enquanto indivíduo (uma rocha, uma flor, um animal, um homem), não como espécie ou ordem. Estas constituem o seu ser ontológico, não o seu ser existencial. O ser existencial é sempre individual e, no limite, singular. Um homem é um indivíduo, não o indivíduo. Assim, a sociedade é uma colecção (não uma amálgama desordenada nem um todo uniforme) de indivíduos unidos através de instituições (famílias, igrejas, clubes, empresas, escolas, Estado...) e os indivíduos, enquanto seres ontológicos, são, por si, desiguais, possuindo campos de possibilidades diferentes.

8.4. Assim, a *justiça social* (não a ontológica, que não existe senão como perseveração do indivíduo) reside na distribuição racional das diferenças e das desigualdades no sentido, não da generalização de um bem maior para cada um dos membros da comunidade, mas da prevenção do mal ou de um mal maior.

8.4.1. Em cada época, em cada comunidade, esta distribuição assume múltiplas formas consensuais, que outras épocas, outras mentalidades comunitárias posteriores, consideram injustas, aplicando anacronicamente critérios de actualidade.

8.4.2. Assim, se a promoção da igualdade e da liberdade significa o menor dos males (em consequência: o maior dos bens) para as democracias actuais, é possível que, para sociedades futuras, o menor dos males signifique exactamente o contrário ou, em sociedades de escassos recursos, a total igualdade entre todos com ausência de liberdade.

8.4.3. Com efeito, o princípio vital de uma comunidade não reside nem na igualdade nem na liberdade – realidades e conceitos contemporâneos, de nulo significado, atribuídos a outros tempos históricos –, mas na segurança da comunidade como um todo, isto é, na melhor maneira de evitar ou minimizar o mal.

8.4.3.1. Por isso, a diferença entre estado de natureza e estado de sociedade é de grau, e não de essência: nada de importante modifica no estado do homem senão a garantia de uma maior segurança, isto é, de um menor poder ameaçante do mal.

8.4.3.2. Assim, não se pode criar uma teoria política com base na liberdade ou na igualdade – realidades e conceitos contemporâneos –, mas com base apenas na segurança (pessoal, familiar, económica, territorial...), isto é, na capacidade de evitação ou minimização do mal.

8.5. Forças do corpo, pulsões biológicas:

a) O desejo de posse provém da necessidade territorial de segurança animal – prevenção ou remédio do mal – e transfigura-se, no homem, no estabelecimento de um conjunto de regras sociais e leis jurídicas que garantam a sobrevivência da comunidade e dos seus elementos individuais (a propriedade familiar, colectiva – tribo ou Estado –, o legado ou herança).

b) O desejo de domínio reproduz no homem a competição animal pela sobrevivência, extra e intra-espécie.

8.6. Como constituintes últimos do ser do homem enquanto homem, ambos espelham a maledicidade permanente da consciência individual, mobilizando as forças do corpo e os desejos sociais para a posse (a conquista de bens) e o domínio (a prevalência sobre os outros – o prestígio, o amor-próprio, o auto e hetero-
-respeito...).

9. A MALEDICIDADE

9.1. O campo do bem (nascido da contenção, do combate e do domínio sobre o mal – ontologicamente anterior e superior), no ser do homem, é, assim, contaminado desde a raiz pelo mal, não como elemento acidental, fortuito ou exterior, mas como elemento substantivo, isto é, ontológico.

9.2. Assim, na maledicidade permanente da consciência individual residiu e reside o trunfo e o triunfo do homem sobre a natureza, possibilitando-lhe a conquista de território e o domínio sobre as outras espécies, historicamente transfiguradas em conquista de território de outros homens e conquista de outras sociedades. A maledicidade do ser do homem (presente na consciência em forma de pulsão biológica ou desejo, como prevenção do mal) cresceu à medida que o homem crescia demograficamente. Tornou-se hoje imperial – por toda a terra, o mal espalha-se sob a forma de posse e domínio, constituindo o último período da fase infantil e bárbara da humanidade.

9.2.1. Os campos de concentração e o extermínio em massa de grupos sociais, étnicos ou rácicos não são acidentais no homem, fazem parte do seu campo de possibilidades, activando os desejos de posse e domínio. O terror define a necessidade humana do estabelecimento de um cordão de segurança sobre a ameaça do outro, anulando este. Neste sentido, como explica Hannah Arendt, superando a teoria do mal radical em Kant, o mal é o que de mais banal existe no homem ou o que melhor define a banalidade do homem.

9.3. A provisoriedade (mudança, mutação) e a finitude definem o carácter temporal limitado da especificidade de um ser. Nele, tudo tem começo e fim, tanto na ordem temporal quanto espacial. Desde o século XVIII, a partir de Kant, a filosofia contemporânea absolutiza estas duas características do ser, hipostasiando-as no ser humano.

9.3.1. A substituição, no século XX, sob a égide de uma certa leitura de Kant, Kierkegaard e Nietzsche, das categorias lógicas e gnoseológicas pelas existenciais exalta a filosofia do ser do homem curvado sobre si próprio em estado de «angústia» em direcção à «morte».

9.3.2. De fundo céptico, o quadro de leitura do ser do homem como consciência de si, do século XX, é postulado como «negativo». O ser social (histórico) do homem teria sido brutalmente separado do seu ser ontológico.

9.3.3. Como recepção de movimentos messiânicos, de que o marxismo constitui a mais alta expressão nos séculos XIX e XX, esgotada em 1989, a filosofia tornou-se céptica e pessimista, escondida sob uma retórica argumentativa, década a década ganhando o estatuto de Cassandra do pensamento, anunciadora de grandes catástrofes. Desde o Iluminismo e o Positivismo, profundamente optimistas, que a filosofia não anuncia à Europa um espírito de aperfeiçoamento do ser do homem, decaído no seio de duas guerras mundiais – o tempo da banalidade do mal, segundo Arendt.

9.3.4. Reflexo de uma Europa moribunda, raiz profunda do mal-estar europeu, o cepticismo e o consequente pessimismo ético esmagam com patas de elefante a crença humana de que, para além da posse e do domínio, e porventura fundada em ambas, a vida possui um sentido intrínseco, não residindo apenas em perdurar ou sobreviver.

9.3.5. A razão do pessimismo europeu possui as suas raízes históricas na separação entre o ser social do homem e o seu ser ontológico («natural») por via de um milénio de domínio cristão da Europa, identificando o esforço individual de luta e conquista com insubmissão e rebeldia face a mandamentos superiores (espirituais).

9.3.6. Nos dois séculos em que a Europa iniciou a libertação do poder absoluto da Igreja Cristã (séculos XVII e XVIII), a filosofia, sob várias figurações, criou, em geral, doutrinas de esperança no ser social do homem. Prosseguiu, no entanto, a separação, mesmo a divisão rígida, entre o ser social do homem e o seu ser ontológico, ou, numa expressão mundana, entre homem e natureza.

9.3.7. A Reforma (protestante) desnaturalizou e divinizou o ser social do homem através da teoria da predestinação. Esgotada a teologia tomista, o homem, de servo de deus, tornou-se escravo de deus, incapaz de controlar a sua própria história individual. Dependente em absoluto da «Graça», o homem europeu puritanizou-se, dirigindo o seu esforço individual para o exclusivo plano do trabalho, ansiando, por via dos resultados deste, merecer o olhar de deus. As artes e os ofícios mecânicos e o comércio («o mercado») tornaram-se dominantes face ao antigo privilégio estabelecedor do poder das linhagens nobres. Nasce (segundo M. Weber), por consequência de uma alteração no espírito das comunidades (a Reforma, o esgotamento social e espiritual da Igreja Romana) – não o seu contrário, como defende uma certa sociologia (Marx) –, esse espaço social metafísico designado por «mercado», berço do actual capitalismo, e, com ele, a nova tragédia, a tragédia moderna, inscrita indelevelmente nas obras de Ben Jonson, de W. Shakespeare e de Racine, segundo a qual, ausente deus na sua transcendência espiritual, o ser social do homem permanece entregue aos obscuros poderes do afã individual, do esforço de realização, da capacidade de trabalho e iniciativa, mas também da incerteza, do jogo do acaso, do fortuito, do acidental, isto é, numa única palavra, da contingência.

9.3.8. As regras provisórias (sublinhe-se: «provisórias») da moral em Descartes são expressão deste momento de desorientação histórica europeia, quando, ao contrário das regras do entendimento (da razão), não é já possível estabelecer regras «definitivas» como reitoras do comportamento dos homens.

9.3.9. Ainda que a antiga moral aristotélico-escolástica das «virtudes» prevaleça como orientação geral, é já possível, no entanto, postular-se a inexistência de princípios éticos que não se fundamentam na moral do Estado cristão – «o homem é o lobo do homem», de Thomas Hobbes, em *Leviathan*, e o desejo de absoluto controlo do poder, Maquiavel, em *O Príncipe*.

9.3.10. Descartes apela à prática da «virtude» enquanto guia de acção em função do «soberano bem», resgate da moral que estava destruindo com os seus livros, mas fá-la depender (à virtude) da acomodação às virtudes particulares, aos costumes das regiões e dos povos, elidindo assim o absoluto ético do cumprimento das normas católicas. Louva as antigas normas morais para melhor lhes fugir, relativizando a virtude, harmonizando-a com os novos costumes democráticos europeus, exigidos pela consciência de si das comunidades.

9.4. A provisoriedade das regras da moral, em Descartes (e Montaigne), e a hipóstase do mal operada pela Reforma protestante estabelecem o quadro ético-moral do dealbar da Idade Moderna. Neste, como fundo e horizonte, prevalece a incerteza sobre a existência de caminhos morais seguros para a prática do bem e o triunfo do direito à salvação.

9.4.1. De uma única via prevalecente ao longo do milénio anterior (o cumprimento dos preceitos religiosos emanados pelas autoridades eclesiais centrais e nacionais), são então oferecidas às comunidades da Europa duas vias – a Católica e a Reformista.

9.4.2. Entre a sensibilidade prática cartesiana sobre a provisoriedade das regras da moral e uma forma de naturalização da moral (Hobbes, Hume), uma terceira via se oferecerá – o agnosticismo, que, em fins do século XVIII, Voltaire e Kant (e Matias Aires em Portugal), cada um a seu modo, tornarão em monumento histórico ético-moral.

9.4.3. Impossível regressar à teoria absolutista das virtudes morais como caminho normalizante para a salvação do homem, a teoria do mal em Pascal figura-se como o coração sangrento do cruzamento histórico entre o reformismo protestante e o relativismo cartesiano. A teoria de Pascal dá conta, justamente, deste impasse ético-histórico dos séculos XVI e XVII. Pascal não aceita nem o absolutismo do mal teológico ou teúrgico nem o relativismo do mal social (os «costumes») de Descartes. Pascal teoriza o que se encontra na origem do impasse, não os costumes das comunidades, não o avanço da história, sim o homem, o ser do homem, esse infinito «pequeno» que ambiciona tornar-se infinito «grande». Com este passo, Pascal retorna modernamente à essência clássica do mal como constitutividade humana, estabelecendo a ontologia do mal no coração do homem. Ser-se homem é, não ser-se mau, mas ser o mal, não por vontade expressa, mas por incompletude ontológica, compensando a permanente angústia vivencial com os ditames morais da sua consciência em ordem a uma *possível* salvação.

9.5. O mal, um mal simultaneamente individual, social e espiritual, portanto: um mal civilizacional (de que só hoje nos sentimos a escapar), torna-se, agora, princípio, meio e fim da existência – viver é conviver com o mal.

9.6. Em reacção moralista, nasce a velha e pudica Europa, que terá no reinado da rainha Vitória de Inglaterra a sua mais forte e longa expressão política por via do controlo do corpo, isto é, do controlo dos desejos de posse e domínio, gerando a teoria psicanalítica de S. Freud, dificilmente aplicável como teoria global do homem fora daquele contexto histórico.

9.7. O século XX libertou o ser corporal do homem e com esta libertação realizou os desejos de posse e domínio – expande-se por toda a terra a democracia de massas, popular, como regime de Estado, o liberalismo e o neo-liberalismo políticos como regime económico, que não se prolongarão para além do século XXI por via do esgotamento dos recursos naturais, da crescente ambição social e material (desejo de posse e domínio) de povos excluídos do privilégio do «progresso», da fortíssima expansão demográfica em África e na Ásia, da introdução de novas possibilidades electrónicas de organização e comando das comunidades por via da informática, da biotecnologia, da física das partículas, dos resultados da astrofísica.

9.7.1. O reinado da época de ouro da democracia e do liberalismo económico pós-Segunda Guerra Mundial, de que o consumismo ilimitado é hoje expressão na Europa, esgotar-se-á com o predomínio do esgotamento dos recursos naturais e do aumento demográfico mundial vertiginoso.

9.7.2. Sem abundância de recursos e com o território limitado pela crescente subida demográfica mundial, o desejo de posse e domínio inspirará e imporá novas, mais severas, mais controladas, regras de partilha do poder, que muito limitarão os direitos individuais (reunião, opinião, expressão, manifestação...) expostos hoje como sagrados nas constituições europeias. Como Aristóteles ensinou, a democracia perverter-se-á em demagogia, e esta em tirania, uma tirania informática, fundada em regulamentos técnicos, exigida por ausência de recursos e dominada por tecnocratas.

9.7.3. A escassez futura dos recursos naturais reduzirá a democracia a níveis mínimos de participação, com consentimento e apoio geral, compensada por um mínimo de segurança da ordem pública e abastecimento alimentar facultados pela tecnocracia dominante. A segunda metade do século XX será então recordada como a idade de ouro do conforto e do consumo.

9.7.4. Não é impossível que grande parte da comunidade seja privada dos seus direitos de cidadania, como os antigos escravos gregos e romanos, aceitando, por permuta, ser alimentada pelo Estado. A futura redução de direitos, justificada pela carência de recursos (naturais e sociais), incorporada numa *nova moral,* não será vista como um mal – antes um bem.

9.7.5. Os desejos de posse e domínio, que fundam eticamente a especificidade ontológica do ser do homem, autoconter-se-ão, reprimidos por via da moral e dos costumes.

9.8. A consciência da separação, mesmo a divisão rígida, entre o ser social do homem e o seu ser ontológico, ou, numa expressão mundana, entre homem e natureza, cujo momento de passagem vivemos hoje, corresponde aos momentos históricos finais do estado de infantilidade e barbárie e à assunção de uma nova fase na história da humanidade, a fase de maturidade, de consciencialização da maledicidade intrínseca do homem.

9.9. Porque o homem é constitutivamente mau, o Estado deve (moral) igualizar as condições de existência de todos os cidadãos, não permitindo que, por adaptação analógica, os «poderosos» (que mais longe levaram as pulsões de posse e domínio) se tornem os «leões» das «gazelas», os submissos e servis, meros instrumentos de imensas instituições nacionais ou internacionais. É o único modo de evitar um mal maior, a revolta dos humildes (os sem-poder).

9.10. O estado de infantilidade e barbárie, enquadrador da maledicidade do homem, que a Europa tem vivido até aos dias de hoje, reside em cinco características essenciais, que a futura cultura europeia deverá anular de um modo determinante:

a) a exploração sem limites da natureza (o ser natural da Terra);

b) o estado de guerra económica contínua de todos contra todos («o mercado») como normalidade social;

c) a diferença abrupta de rendimentos económicos («a desigualdade social») como normalidade social;

d) o tratamento bárbaro como relação de normalidade social com os animais sencientes;

e) a convicção da intolerância (o «fanatismo» e o «proselitismo»).

9.11. Desde Sócrates e Platão que o ser do homem tem surgido como um «informe» espiritualizado, negativizando o ser ontológico-natural, evidenciado como «bárbaro» ou «monstro», que a *polis* e a *civitas* domesticam, racionalizando-o. O ser ontológico do homem tem sido apresentado como estranheza animal que amedronta e horroriza, uma «anormalidade», que a educação amansa e subjuga. Expressão dos sinais miraculosos de deus ao longo da Idade Média, período de fantástico alforge do milagre, o ser natural do homem identifica-se com o «rústico», manchado pelo pecado e ausente do esforço da redenção, um «pagão», uma «gente» atreita e subjugada pela tentação do mal, isto é, do senhor do mal, o demónio.

9.12. Com F. Bacon e R. Descartes, e a descoberta das causas dos ritmos mecânicos na natureza (Copérnico, Galileu, Torricelli, Kepler, Harvey), transfigura-se a imagem do ser natural do homem, retratado agora como uma maravilha natural de precisão, ao modo de um relógio mecânico a que deus injectou ordem e movimento, os quais, conhecidos pelo entendimento humano e por este manipulados e fruídos, poderiam elevar o homem a «mestre e senhor da natureza». Gerou-se uma crença optimista no campo das possibilidades do homem ao longo dos duzentos anos seguintes (séculos XVIII e XIX) sob o império da razão lógica, igualmente aterrada pela imagem monstruosa do ser natural do homem (as paixões e as emoções, consideradas arbitrárias, caprichosas e de origem animalesca).

9.12.1. Nascera o homem técnico e tecnológico, base do poder tecnocrata, assente no poder da ciência, máximo horizonte de racionalidade lógica. Nascera a sociedade tecnocientífica, o homem «económico», transformador do ser em objecto de consumo, geometrizador dos movimentos da natureza. Constitui esta sociedade o último período da fase infantil e bárbara da humanidade.

10. SER ONTOLÓGICO E SER MORAL

10.1. O ser social do homem (moral e direito) deve estar vinculado ao seu ser ontológico, isto é, harmónico com o campo de possibilidades do ser do homem, que engloba, com perfeita justificação, a herança animal do homem, determinante em todos os seus comportamentos. A aceitação do ser ontológico do homem *fundamenta* costumes e comportamentos considerados irracionais e animalescos ao longo da fase infantil e bárbara da humanidade, como o casamento entre pessoas do mesmo sexo, a homossexualidade e o lesbianismo consentidos, pulsões biológicas pregnantes ao campo de possibilidades ontológico do ser do homem. Assim, as exigências físicas e as pulsões biológicas constitutivas do campo ontológico de possibilidades devem constituir-se, em nova fase da humanidade, como imperativos éticos, harmonizando-se:

a) corpo e consciência;

b) ser natural e ser social;

c) bem natural e bem social.

10.1.1. A homossexualidade não comporta uma representação mental distorcida ou perversa do ser animal do homem, sim a intrinsecidade (quididade) de um corpo assim biologicamente nascido. Não já a violentação sexual, a pedofilia e o zoossexualismo, porque, ainda que causada por forças biológicas, não se integra nos comportamentos livremente consentidos pela moral comunitária e são considerados perversões sociais e entorses ou fixações individuais da consciência, fetiches violentadores da consciência própria e do corpo alheio. Neste caso, exerce-se o terror sobre o ser violentado (homem, mulher, animal) como expressão perversa do desejo de posse e domínio.

10.2. O ser ontológico do homem é universal (a espécie «Homem» é uma só), o seu ser social uma construção histórica e contingente, permanentemente mutável, determinada pela civilização e pela cultura.

10.2.1. O desejo de posse instaura a legitimidade do território, da segurança (o país, a pátria, a região, a vila, o bairro, a casa), o de domínio a extensão e qualidade do primeiro.

10.2.2. Pela posse, o ser social do homem cria as leis jurídicas e os costumes morais que legitimam a existência da comunidade; pelo domínio cria a hierarquia social, estatuindo o papel superior ou inferior de cada indivíduo no seio da comunidade, postulando a este o que o todo dele espera.

10.3. Nascida originariamente do seu corpo (o ser ontológico), a consciência de si é historicamente preenchida pelo modo como os desejos de posse e domínio convergem no interior da escala social, gerando a representação mental de cada ser social em cada momento da sua existência.

11. A FELICIDADE

11.1. A *felicidade* nasce quando emerge na consciência o momento sintético do pleno acordo entre a representação harmónica do corpo e a representação harmónica e realizada dos desejos de posse e domínio, gerando esta dupla harmonia na consciência de si o sentimento de satisfação, de realização, de completude, de plenitude. O ser natural (o corpo) e o ser social (o indivíduo, o cidadão, o crente, o empresário, o trabalhador, o pai, o filho...) encontram-se em harmonia no interior de cada plano ou fragmento da existência e o seu campo de possibilidades, em estado de realização, seja por expansão, seja por esgotamento. O sentimento de felicidade é, assim, projectado, por comportamentos visíveis, para a totalidade da comunidade, harmonizando interior e exterior, satisfazendo a consciência de si do indivíduo.

11.1.1. Ser feliz é possuir e evidenciar a consciência de si plena de harmonia, tanto na posse quanto no domínio, tanto no corpo quanto no espírito ou pensamento.

11.2. Doravante, em futuros séculos, o ser social do homem harmonizar-se-á com o seu ser natural, reconhecendo e realizando, neste novo tempo, a individualidade do campo ontológico de possibilidades de cada ser, recusando e desprezando os desejos e ambições nascidos das massas. A nova aprendizagem dos séculos consistirá no triunfo do indivíduo no interior de regras harmónicas com a totalidade da comunidade.

ÉTICA DO MAL
E MORAL DO BEM

1. ÉTICA E MORAL

1.1. A moral não prescreve o que se pode fazer, mas o que não se deve fazer. A moral é a ciência dos limites da acção, cuja fundamentação transfere socialmente a perseveração da individualidade do ser para a responsabilidade da comunidade.

1.2. A moral constitui-se como a expressão social da ética, prescrevendo limites a três dos princípios ontológicos da ética do mal, a provisoriedade, a liberdade (o campo ontológico de possibilidades) e as pulsões ou desejos de posse e domínio. Pela moral, a consciência de si individual ganha conteúdo histórico e social e concretiza-se, não enquanto realização plena e inesgotável, mas enquanto limitação da sua realização, harmonizando a expansão e a realização dos desejos individuais no concerto geral de ambição da comunidade.

1.3. A moral é sempre negativa, a ética positiva. Esta tende à expansão do indivíduo, evidenciando-o como animal societário, gregário, possuidor e dominador (a maledicidade); a moral tende à compressão da expansão do indivíduo, organizando-lhe o campo de acção social harmónico, compatibilizando a expansão própria com a expansão alheia.

1.4. A ética fundamenta-se no ser do homem individual. A sua fundamentação reside na provisoriedade, no duplo desejo natural e no campo ontológico de possibilidades (a liberdade), onde o mal é substancial e permanente e o bem acidental e temporário. A moral concretiza o campo ontológico de possibilidades segundo o tempo (a História), isto é, segundo a civilização e a cultura.

1.5. Deste modo, a ética, fundada na ontologia, é universal, e a moral relativa, circunstancial ao tempo, e igualmente utilitária, no sentido de defesa da sobrevivência da comunidade, postulando um conjunto de deveres e obrigações relativos ao que o ser individual, parte de um todo, múltiplo de uma unidade articulada, não deve fazer.

1.6. Assim, a ética é universal, de fundo ontológico, a moral particular, de fundo e âmbito histórico.

1.7. A ética define a estrutura activa da liberdade (o campo ontológico de possibilidades de um ser) e dos dois princípios, que são duas pulsões ou desejos, totalmente irracionais, de origem biológica, originados com o fito de perseverar o indivíduo e atenuar o mal universal; a moral define a estrutura de regras (deveres) prescritas no interior de uma comunidade civilizacional e cultural, prestando assim coesão mental e social a hábitos e costumes quotidianos.

1.8. O erro do historicismo ético reside em confundir ética com moral. Esta evolui, adaptando as normas e as regras à consciência de si das comunidades, aquela mantém-se invariável e absoluta, dominada pela maledicidade.

1.9. A transfiguração dos princípios da ética em normas e regras morais limitadoras do mal, e destas em leis jurídicas, é dependente, não de intenções humanas ou de qualidades essenciais (como a «virtude» ou o «dever»), mas do grau realizador de liberdade do campo ontológico de possibilidades do ser do homem a cada momento do tempo (da História).

1.9.1. Extensão do território da comunidade, riqueza ou escassez de recursos, grau de evolução de instrumentos técnicos, taxas demográficas de ocupação, ameaça externa, constituem-se como factores vitais para constituição da moral da comunidade, mais vitais e essenciais do que as crenças religiosas ou políticas da comunidade, já que mais aquelas do que estas contribuem para expandir ou retrair o grau de liberdade de cada elemento da comunidade, e esta por si.

1.10. Os dois princípios éticos irracionais, os desejos de posse e domínio, mantêm-se invisíveis à consciência de si da comunidade, nunca são explicitados senão em caso de sobrevivência desta ou do indivíduo, como no caso da guerra.

2. A MORAL

2.1. A moral, como consciência de si de uma comunidade, presta-se a discursos generosos e piedosos, que os políticos embelezam segundo as regras da retórica e os sacerdotes segundo as regras da oratória e da parenética. A moral constitui-se, assim, como o cimento espiritual de uma comunidade, a garantia de coesão, de união e de vinculação de todos os membros da comunidade, representadas num passado comum, sofrido pelos seus antepassados, numa liturgia comum celebratória de actos heróicos, em práticas sociais comuns e, sobretudo, na aceitação de regras e normas comuns relativas ao que *não* se deve fazer.

2.2. O estatuto da moral reside, assim, numa projecção diferida da ética, expressão de um mundo encantatório, espiritual, nefelibata, fundado numa certa ideia de deus, no «dever ser», na «vontade boa», na generosidade, escondendo deste modo o mais profundo egoísmo individual e comunitário de sobrevivência e expansão da comunidade e de cada um dos seus membros, minimizando o mal.

2.3. A moral é, assim, profundamente egoísta, tão interesseira quanto prática e utilitária. Se a moral se constituísse como uma directa correspondência da ética, constituir-se-ia como uma moral defensora do aniquilamento de cada um por outro de estatuto físico, biológico, social ou cultural superior, como a Igreja Romana o praticou durante quase dois mil anos, exterminando tribos, comunidades, povos inteiros, inimigos ideológicos.

2.3.1. O caso histórico do cristianismo é absolutamente admirável na relação diferida entre ética e moral – enquanto por esta exaltava a virtude da misericórdia, por aquela chacinava povos inteiros (os «pagãos», os «gentios») ou forçava a sua conversão em massa por meios coactivos.

2.4. A moral é, assim, um travesti da ética, uma máscara, uma alteridade, um flato de voz, sem existência ontológica própria, ou seja, um avatar. O homem natural não tem moral, só ética – a ética da luta, da violência, da posse e apropriação, da vida e da morte, da sobrevivência, isto é, a maledicidade. Por esta, deve expandir as possibilidades contidas no seu campo ontológico, ou retraí-las, isto é, exercer a sua liberdade segundo o grau proporcional à existência da comunidade em que se insere.

2.5. Cobrir para revelar, eis o princípio estratégico da ética face à moral. Neste sentido, sempre que um homem fala em paz pensa em guerra.

2.5.1. Conciliar para preservar, eis o princípio estratégico do Direito relativamente à Ética e à Moral – faz o bem, impedido que estás pela comunidade de fazer o mal que no teu íntimo ambicionarias fazer.

2.6. Os limites morais residem num cálculo de interesses e vantagens, em cujo equilíbrio de regras a maioria da comunidade se revê, seja por enformação educativa, seja por convicção própria. O grande esforço da obra de M. Foucault, tanto em *Vigiar e Punir* quanto em *A História da Loucura*, consistiu na desconstrução deste cálculo.

2.7. Será, aliás, em nome de uma *nova moral* que a redução de direitos constitucionais se acentuará na Europa, gerando no indivíduo uma consciência de si conformista. A liberdade, encarada como campo de possibilidades do ser do homem social, conformar-se-á com a nova moral, limitando o campo das suas realizações em função da perseveração do corpo natural.

2.7.1. O homem não perderá o sentimento de felicidade, com a sua consciência de si plena e realizada, representando harmonicamente o seu corpo biológico e o seu corpo social, reduzindo o duplo desejo de posse e domínio, como aconteceu em outros períodos históricos na Europa.

2.7.2. Possivelmente, com este condicionamento, a nova moral possuirá uma fundamentação espartana e estóica, os dirigentes políticos serão homens austeros, a política educativa defenderá o frugalismo, as ideologias propagarão uma teoria política anticonsumista e antidespesista, o Estado garantindo a alimentação diária da maioria dos cidadãos, possivelmente a própria roupa.

2.7.3. Emergirão filosofias naturalistas, harmonizando a consciência de si individual com o conjunto imperativo de restrições. Novos deveres morais nascerão, fundados numa ontologia da provisoriedade e da finitude (e, na Alemanha e nos Estados Unidos da América, como hoje se organizam concursos televisivos para apurar quem mais consome carne ou massa em menos tempo, haverá concursos para apurar quem consome menos carne ou massa ao longo de uma semana). O homem continuará feliz – medíocre e mesquinho, mas feliz.

2.8. Não existindo moral intemporal (só ética), a uma moral pode sempre opor-se outra:

a) à moral que justifica a escravatura (grega, romana, negra) pode opor-se a dos Direitos Humanos Universais;

b) à do individualismo (liberalismo), a do gregarismo (socialismo, comunismo, diversas morais tribais);

c) à da ordem a todo o custo, a anarquista;

d) à moral cristã, que despreza os seres vivos não-humanos, incentivando o homem a matá-los e comê-los numa orgia de sangue, a budista, que os privilegia;

e) à moral do poder, a da renúncia;

f) à moral estóica da resignação racional, a hedonista contemporânea, favorecendo o prazer;

g) ...

2.8.1. A moral é condicionada pela comunidade que a estatui como conjunto de regras de conduta e convívio, como cimento gregário e como consciência colectiva de si.

2.9. Porém, se a moral é relativa, a ética não o é, fundada no mal ontológico, universal e permanente.

3. O MAL MORAL

3.1. O mal moral (não o mal ético) consiste no que epocal e geograficamente se determina como sendo negativo e repulsivo para a consciência de si da comunidade, o que se evidencia como imaginariamente monstruoso e repulsivo.

3.2. Neste sentido, o mal moral fundamenta-se na retracção, na obstaculização ou na destruição do campo ontológico de possibilidades, identificado este, no ser do homem, com a *liberdade*, gerando no ser do homem uma consciência desarmónica ou dividida (o conceito de «consciência infeliz» em Hegel, de «alienação» em Marx e de «angústia» em Sartre e Heidegger) entre si e si própria.

4. O BEM MORAL ABSOLUTO

4.1. O bem moral absoluto, apenas ideal, nunca realizado, outrora designado por «soberano bem», reside na plena realização do campo ontológico de possibilidades, que persevera a individualidade do ser – o esgotamento da totalidade das possibilidades ontológicas de uma flor, de um animal, de um homem, de uma comunidade.

4.2. O bem moral absoluto identifica o campo ontológico de possibilidades com a realização plena destas (o cumprimento total da «potência», gerando um «acto» pleno, na terminologia de Aristóteles). A plena consumação da liberdade – eis o bem ético absoluto, sempre gorado.

5. O MAL

5.1. Porque o ser e o bem se identificam, o mal, na filosofia da fase infantil e bárbara da humanidade, não pode existir, relegado para uma não-existência substancial, um não-ser, um não-lugar ontológico para o mal.

5.2. Porém, o mal não se identifica com o não-ser. Pelo contrário, como substância do mundo, o mal é constitutivo do ser – o mal ontológico é o ser: a desordem, o caos, a destruição, a instabilidade, a impermanência, a desarmonia, a imperfeição, o bem ontológico, o equilíbrio, a ordem, a estabilidade, a harmonia, a perfeição, sempre provisórios e finitos, coexistindo no elemento do mal.

5.3. Identificado com o não-ser, o mal é expulso da filosofia antiga, postulado como não-existência, defeito, carência, privação de ser.

5.4. Hoje, há que compreender a soberania do mal, integrá-la na filosofia, fazer da sua existência uma forma de sabedoria de modo a limitá-lo, a antecipá-lo e a solucioná-lo (não a vencê-lo).

6. A LIBERDADE

6.1. A moral restringe a expansão dos desejos de posse e de domínio, limitando a liberdade ontológica, instaurando a liberdade social, que a política consciencializa e o direito legisla.

6.2. Assim, a liberdade é possuidora de graus determinados pelo campo ontológico de possibilidades de um ser. É no interior do jogo da liberdade, que reflecte as inter-relações com os outros seres, que um ser se realiza ou se frustra.

6.3. A tensão entre bem e mal (sempre com predominância deste) constitui uma tensão ontológica de entrelaçamento e conflito mútuo, expressa eticamente ao nível do ser do homem – Madre Teresa de Calcutá e Hitler coexistem com o mesmo grau de legitimidade ética. Ambos são necessários para que se jogue o jogo do mundo.

6.4. Esta tensão diz-se ser o jogo do mundo. Jogo sempre falsificado: o primeiro e o último lances bem como o derradeiro vencedor do jogo do mundo é invariavelmente o mal. Ao longo do jogo, o bem irá compondo os seus equilíbrios duradouros, os seus triunfos parciais – entre os quais cabe à vida o triunfo maior.

6.5. Os graus de liberdade determinam-se ou são correlativos aos graus de realização inscritos no campo ontológico de possibilidades de um ser. A liberdade integral corresponderia à plena realização de todas as possibilidades inscritas no campo ontológico de possibilidades de um ser.

6.6. No ser do homem a liberdade integral corresponderia à realização e esgotamento de todas as suas possibilidades biológicas e de todas as possibilidades culturais e civilizacionais inscritas no seu ser social – ser tudo de todas as maneiras, sentir tudo de todas as maneiras.

6.6.1. Assim, a liberdade, como conceito político-social, possui uma fundamentação ontológica (o campo de possibilidades de um ser) e uma fundamentação ética (prevenir, evitar ou domar o mal, fazendo o bem, isto é, o que permite a perseveração de um ser).

6.6.2. Com fundamentação ontológica, a liberdade constitui-se como princípio ético reitor do indivíduo (esgotar todas as possibilidade de perseveração do seu ser) e da sociedade (escolher o bem, evitando, prevenindo ou domando o mal).

6.6.3. Neste sentido, é ontologicamente verdadeiro o lema de Sampaio Bruno: «*Ubi libertas, ibi patria.*»

6.6.4. Porque a realização integral da liberdade suporia um estado de perfeição inexistente (só pensável, já que o mal é dominante, substância do mundo enquanto provisoriedade e finitude), a liberdade realiza-se em graus, cuja positividade é correlativa de uma escala entre menos liberdade e mais liberdade, e cuja negatividade reside na afirmação da autoridade opressiva e impositiva. Todas as sociedades que favorecem a primeira escala (democracias) são ontológica e eticamente superiores às segundas (ditaduras, regimes totalitários, regimes unicitários).

6.6.5. A responsabilidade moral, sempre histórica e sempre contingente, sujeita ao tempo e ao espaço, reside na consciência de si do ser do homem quando compatibiliza o grau de autoridade social com o grau de liberdade individual. De novo se joga o jogo do mundo na tensão entre (graus de) liberdade e responsabilidade moral no seio da consciência de si do ser do homem.

6.6.5.1. Apenas em estado de felicidade esta tensão se resolve em equilíbrio.

6.6.5.2. A rebeldia, a revolta, o sentimento da necessidade de revolução constituem-se como graus de incompatibilidade entre autoridade (desejo de domínio) e liberdade (desejo de posse).

6.6.6. A autoridade é sucedânea do desejo de domínio; a liberdade, do desejo de posse. Ambas possuem fundamento ontológico, dividindo tragicamente a consciência de si do ser do homem. Hitler está dentro de nós, e Madre Teresa de Calcutá também.

6.6.7. Historicamente, a civilização e a cultura de que o século XXI, por necessidade, é o último representante, privilegiou sempre este desequilíbrio entre liberdade e responsabilidade moral:

a) A Grécia e Roma eram livres sobre o sangue dos seus escravos, sobre a humilhação dos restantes povos fronteiros;

b) A Igreja Cristã era livre sobre o esmagamento das pulsões do corpo, os ossos queimados dos hereges e o extermínio de centenas de povos e comunidades na Ásia, em África e na América;

c) A Europa moderna era livre sobre o trabalho escravo negro e a exploração dos recursos dos restantes continentes.

Actos bárbaros, caprichos infantis.

6.7. A nova civilização e a nova cultura dos séculos futuros assentarão no equilíbrio constante entre liberdade e necessidade segundo proporções adequadas à existência de recursos: para todos, tudo o que existe segundo graus de necessidade.

6.7.1. Democracia e totalitarismo serão ultrapassados por regimes tecnocráticos, unicitários, tirânicos, de amplo apoio popular, que, com base no desenvolvimento científico, distribuirão a existência pelos existentes, inclusive as plantas e os animais.

A TOLERÂNCIA

1. O PROGRESSO MORAL

1.1. A moral (não a ética) evolui consoante as sociedades evoluem. A ética afirma a permanência da maledicidade humana, a moral combate-a, evitando-a ou minimizando-a.

1.2. O critério de evolução do progresso moral consiste num superior domínio sobre o mal, combatendo-o e minimizando-o.

1.3. É neste sentido que se pode afirmar existir um progresso moral, comprovado pela evolução da taxa média de esperança de vida, pela atenuação do sofrimento físico, pela redução da taxa de mortalidade infantil, pelo nível de conforto das cidades... A evolução do habitáculo humano prova com evidência absoluta a existência de progresso material – de gruta na montanha ou caverna no vale a casinhoto de barro amassado e folhas; de casa de pedra e madeira na mata ao sobrado; do sobrado ao actual edifício de andares anti-sísmico numa rua de cidade e à futura casa electrónica – e revela a objectividade da existência de progresso moral (a generalização do bem) no seio das sociedades. Tal não significa progresso ético – só possível com a erradicação do mal.

1.4. O mal, permanente, inscrito no ser e no ser do homem, retorna sempre. Porém, existe um aperfeiçoamento moral das sociedades consoante se afastam da naturalidade animal da pré-história e se aproximam das sociedades pós-industriais.

1.5. A existência de progresso moral não significa a existência de um sentido para o bem, a não ser o de reacção ao mal e de minimização deste.

1.6. Deste modo, não existe um fim transcendente para o bem, como a santidade do homem, a liberdade, o progresso racional, a espiritualização dos actos humanos ou, mesmo, o estabelecimento de uma sociedade ideal (uma sociedade santa: «A Cidade de Deus», de Santo Agostinho, o comunismo, o Quinto Império...).

1.6.1. A não existência de um fim transcendente para o bem e a definição deste como «equilíbrio de forças ou arranjo natural e social provisório» que minimize o mal significam, por exemplo, que não existe modo ideal de agregado familiar e que todas as formas de família (monogâmica, poligâmica, poliândrica, união de facto, família homossexual, família lésbica, família de vivência colectiva na mesma casa com mudança temporária de pares sexuais, como em algumas tribos primitivas da Amazónia..., família simples, de elemento único com perfilhamento de criança) são socialmente legítimas. A família ocidental (monogâmica, constituída por pai, mãe e filhos) é apenas uma entre outras formas legítimas de família e não deve ser considerada, como a Europa e Igreja europeia o fizeram até ao século XX, como cúpula máxima ideal de organização familiar.

1.6.2. Não existe sentido único transcendente para a forma de família, como não existe sentido único transcendente para qualquer acto ou forma moral. Da família à educação, dos negócios à política, todos exprimem arranjos sociais provisórios com que a moral social triunfou sobre o mal, minimizando-o. Nenhuma evidência absoluta nos garante hoje que, no futuro, devido a constrangimentos sociais, não se possa repetir a forma de família da cidade de Esparta entre os séculos VII e IV a. C., com separação e entrega dos filhos à responsabilidade do Estado para efeitos educativos a partir de uma idade precoce.

1.7. Neste sentido, existe uma hierarquia entre morais como consciência de si da comunidade e existem morais superiores e morais inferiores tendo como critério distintivo pragmático, não o maior bem generalizado numa sociedade, mas a maior capacidade organizativa de resistir ao mal. Não existem, porém, critérios espirituais ou transcendentes estabelecedores daquela hierarquia, como faziam as antigas éticas, valorizadoras de morais ascéticas ou espirituais face a morais materialistas e hedonistas.

1.8. O único fim intrínseco a uma moral, isto é, o fim para que tende o progresso moral, reside na eficácia do combate ao mal, evitando-o ou minimizando-o. Uma moral esclavagista é inferior a uma moral igualitária, não por motivos espirituais ou metafísicos, fundados em princípios absolutos (os Direitos Humanos, na segunda metade do século XX), mas porque esta última evita ou minimiza com maior organização e intensidade o mal (o conforto, a estado de saúde, o convívio alegre, o trabalho com vocação...) entre um maior número de homens. A existência de progresso moral prova-se, igualmente, pela universal condenação da escravatura.

1.9. Porém, a maledicidade humana, universal, ontológica e absoluta, prova, igualmente, que o progresso moral não é uma escala contínua de aperfeiçoamento humano. Porque permanentemente ameaçado pelo mal, o progresso é descontínuo, intermitente e labiríntico, não possuindo um critério absoluto de evolução superior. Os genocídios políticos na Europa recente (ex-Jugoslávia), as duas guerras mundiais ao longo do século XX, o racismo norte-americano até à década de 1960, o reinado de terror imposto pelo III Reich alemão, povo criador em forma superior de filosofia e de música clássica, os gulags criados à sombra de um regime que se atribuía o triunfo do máximo igualitarismo, são provas evidentes de que, mais do que fazer o bem, a política e a moral devem conduzir-se, invariavelmente, para a prevenção do mal, substância do mundo. O princípio moral, jurídico e político é sempre o mesmo: não fazer o bem, mas prevenir o mal.

1.10. Neste sentido, constitui suprema ilusão humana a crença de que um grau superior de conhecimento conduz a um grau superior de vida moral. São duas realidades sociais distintas, com regras lógicas próprias – a do conhecimento e a do interesse, o primeiro dominando pelo saber, o segundo pela lógica social das emoções e do sentimento, onde predominam as pulsões ou desejos de posse e domínio.

1.11. Assim, se o progresso moral ajuda a limitar o mal, não o impede e em nada é esclarecedor sobre a direcção do bem a não ser do seu último objectivo: o de impedir ou suavizar o mal.

2. O SOBERANO BEM

2.1. Como acima referimos, não existe um soberano bem, ponto cupular das antigas éticas. Mesmo que deus exista, a sua transcendência e inefabilidade face ao jogo do mundo impedem que identifiquemos o soberano bem com deus. O conceito de soberano bem existia apenas como factor de uma dedução lógica, a abstracção platónica e aristotélica da existência de uma substância e essência comum a todas as formas de bem. Porém, o bem não é uma substância ontológica, mas um estado provisório e uma acção reactiva sobre o mal, minimizando-o. Logo, não é possível existir um soberano bem, substância das substâncias do bem.

2.2. Com a inexistência de soberano bem, as normas morais perderam hoje o valor prescritivo e sancionatório que excluíam do convívio social os prevaricadores, marginalizando-os. Nenhum dogma moral se impõe hoje como dever ético de um modo absoluto – matar possui os seus circunstancialismos atenuantes, a sua própria justificação, isto é, a sua razão suficiente. Em breve, matar-se-á ou ajudar-se-á a matar os idosos com a alegria extática de quem está a fazer o bem.

2.3. Com a inexistência de soberano bem, o multiculturalismo e o relativismo dominantes criaram uma sociedade hedonista firmada num dos individualismos mais ferozes que a história conheceu, superior ao individualismo romano de outrora. Grande filósofo seria, hoje, o autor que actualizasse as *Cartas a Lucílio*, de Séneca.

2.4. Os antigos valores (dever, obediência, respeito, honra, honestidade, responsabilidade...) – concentrados de sentido moral comunitário – tornaram-se conceitos-limite e horizontes práticos ideais dotados de frágil força impositiva, mais regras ideais (máximas morais) e menos mandamentos prescritivos, religiosamente sacramentados.

2.5. Alguns pensadores designam as nossas sociedades como moralmente desregradas, de costumes extremados face ao passado, como pós-modernistas. É mais correcto designá-las por hedonistas, primeiro porque os prefixos «pré» ou «pós» referem-se a padrões culturais exteriores, por força de comparações entre realidades sociais diferentes, levantando uma delas como padrão-referência, habitualmente o padrão de sociedade antecedente; em segundo lugar, de um modo positivo, porque a sociedade actual, de facto, centra-se e move-se, relativamente aos valores morais, numa incessante busca do prazer no horizonte geral do desejo de uma vida feliz, identificada socialmente com prazer, poder, riqueza.

2.6. Em nenhum momento da história se viveu tão intensamente o desejo de se ser feliz ou de felicidade, correspondente a um intenso prazer vivencial, seja ambicionado, seja realizado. Isto é, nenhuma sociedade viveu tão intensamente um individualismo hedonista, rejeitando as prescrições e o controle de instituições tradicionais, como a Igreja, o Estado, a Família tradicional, o Trabalho, considerados segundo um antigo sentido sacrificial.

3. A TOLERÂNCIA

3.1. De um ponto de vista histórico, entre a antiga noção prescritiva de dever, absolutista, e a nova noção relativista e individualista, emergiu e impôs-se, com força de costume social e hábito individual, a partir de meados do século XX, a noção moral e política de tolerância.

3.2. Como todos os sentimentos e conceitos morais, a tolerância não é um sentimento natural (naturais só as emoções primitivas). A tolerância nasceu na Europa com o espírito mercantilista, o aumento demográfico e o crescimento imparável das cidades. Acompanhou o seu crescimento a proliferação de igrejas nascidas do movimento cristão reformista.

3.3. A tolerância é uma conquista da razão urbana e cosmopolita e sustenta que o outro, por mais diferente, tem tanto direito à existência quanto o próprio.

3.4. Apenas quando o sentimento de pertença a um território, a uma comunidade, a um credo se deslaça, fragilizando-se, nasce a tolerância, sentimento pertinente a grandes massas urbanas, a emigrações, a povos saídos de guerras intermináveis e dolorosas.

3.5. A tolerância consiste no sentimento de aceitação da unidade na multiplicidade, a aceitação social e o respeito moral do outro como outro, o outro como igual ao próprio.

3.6. A tolerância é antinatural e pressupõe um esforço educativo suplementar de modo a vincular-se na consciência individual do ser do homem a necessidade de encarar as ideias alheias com o mesmo grau de legitimidade das ideias próprias.

3.7. Neste sentido, a tolerância só pode dominar em sociedades moralmente relativistas, alimentadas por múltiplas tábuas de valores, cada uma coesa na defesa da sua convicção e com idêntico respeito pela convicção alheia, que combate mas aceita, recalcando os desejos de posse e domínio.

4. CONTRA O INDIFERENTISMO

4.1. A tolerância não significa concordância com uma moral indiferentista como filosofia social. Existem valores sociais superiores a outros: os que defendem os povos de um mal maior. O Estado tem o dever moral e jurídico de permitir a expressão de todos, mas legislar com base naqueles valores, evitando um mal maior.

4.2. O relativismo significa concordância com formas de existência diferentes da própria, não a interiorização destas. A forma pessoal de existência é sempre considerada superior pelo próprio, a identidade cultural, a genealogia familiar, os hábitos comuns da cidade ou do bairro, o sentido de vida que para si próprio traçou, os valores que defende em concordância com este. Sem uma identidade cultural e familiar, o indivíduo perde-se, desorienta-se, é tomado por uma passividade indiferente, uma angústia pessoal, cava uma ruptura com o seu passado histórico, os rituais que disciplinaram a sua vida, o deus ou a ideologia que alimenta a sua esperança, torna-se um céptico, um indiferentista – tanto vale uma coisa como o seu contrário.

4.3. A consciencialização de que os valores morais próprios são superiores significa que não se deve impô-los aos outros e que se deve pacificamente conviver com outras tábuas de valores. Esta é a atitude moralmente tolerante, raiz actual das morais europeias, profundamente hedonistas, cépticas e individualistas.

4.4. Assim, tolerância não significa indiferentismo, passividade ou permissividade, muito menos promiscuidade entre atitudes morais. Tolerância significa que cada indivíduo ou comunidade deve defender os seus valores e ideias com a máxima força que possui sem que, no entanto, as imponha a outros indivíduos ou outras comunidades senão persuasivamente. No final, o Estado legislará segundo o princípio da consideração do interesses das partes, tendo como objectivo (consciente ou inconsciente) a necessidade de evitar ou minimizar o mal.

CONCLUSÃO

Defendem-se neste ensaio 10 teses sobre o mal:

1. O mal existe, é universal e co-substancial ao homem e ao ser. O bem é acidental, resultado de equilíbrios ou arranjos provisórios;

2. A mente/razão nasceu da ordenação pragmática das emoções por via de um cálculo mental – antecipar, simular, prevenir o mal: *antecipação* dos acontecimentos (previsão da seca, do ataque inimigo, necessidade de caça...), *simulação* dos acontecimentos, ambos em função da *prevenção* das quatro faces primitivas do *mal:* a escassez, a dor física, o sofrimento psíquico e a morte. A mente/razão é insuficiente para explicar a criação de valores universais, de conceitos universais e de meta--conhecimento sobre conceitos universais (eternidade, infinito, números, letras do alfabeto) e a existência de conceitos sem imagem como suporte do significado (ordens, séries, conjuntos, números não naturais). Logo, necessita-se determinantemente de um outro conceito, superior ao de mente/razão, que dê conta da esfera da realidade historicamente designada por «espírito», englobando o campo dos valores, dos conceitos gerais e das teorias universais;

3. Máxima da teoria do mal: contendo o homem uma propensão natural para o mal (Kant, Nietzsche, Freud, Lorenz), *deve-se, não fazer o bem, mas evitar, prevenir ou minimizar o mal;*

4. Assim:

a) o mal é substancial, o bem acidental;

b) o mal é um estado permanente, o bem um estado provisório;

c) o mal é ontológico, o bem ôntico;

d) o mal é ético, fonte da ética; o bem, moral, fonte da moral;

e) o mal é a acção natural, o bem uma reacção, um artifício para aplacar e controlar o mal.

5. O bem não é o contrário do mal: o bem nasce sobre e como reacção ao mal, criando uma tensão desequilibrada entre ambos. O primeiro assume o centro ontológico, o segundo a periferia. O bem reflecte apenas equilíbrios ou arranjos instáveis no seio de uma ininterrupta instabilidade. O mal ontológico é a instabilidade permanente;

6. A Política é a ciência, não de fazer o bem, mas de evitar, prevenir ou minimizar o mal. Com efeito, o princípio vital de uma comunidade não reside nem na igualdade nem na liberdade – realidades e conceitos contemporâneos, de nulo significado, atribuídos a outros tempos históricos –, mas na segurança da comunidade como um todo, isto é, na melhor maneira de evitar, prevenir ou minimizar o mal;

7. O estado de infantilidade e barbárie, enquadrador da maledicidade do homem, que a Europa tem vivido até aos dias de hoje, reside em cinco características essenciais, que a futura cultura europeia deverá anular de um modo determinante:

i. a exploração e devastação sem limites da natureza (o ser natural da Terra);

ii. o estado de guerra económica contínua de todos contra todos («o mercado») como normalidade social;

iii. a diferença abrupta de rendimentos económicos («a desigualdade social») como normalidade social;

iv. tratamento bárbaro dos animais sencientes como normalidade social (tempos virão em que a ostentação de um jardim zoológico será critério para considerar uma cidade dominada pela barbárie humana);

v. a convicção da intolerância (o «fanatismo» e o «proselitismo»).

8. À entrada do século XXI, a revolução a ser feita reside na separação radical entre mal e deus e na união radical entre homem e ser;

9. O mal não é um mistério, ele é o que por toda a parte existe e substância mais universal não existe. O mistério reside na existência do bem, na existência de equilíbrios estáveis conquistados ao caos primitivo e às forças da destruição, perseverando sobre e a despeito do mal. Que haja equilíbrios realizados e duradouros vencendo a instabilidade permanente, a destruição, o caos, que estes equilíbrios se reproduzam biologicamente, que haja acções morais exemplares na vida de cada homem – isso, sim, é um mistério. O mal, não, sim o bem – eis o segundo mistério da existência humana;

10. Deus é um mistério – o primeiro mistério da existência humana –, não o deus judaico, cristão ou muçulmano – cujo império sobre os homens define a fase infantil e bárbara da humanidade –, sim a representação vazia do «deus» budista, caracterizado pela vacuidade, fonte de todas as manifestações, expresso no homem através da com-paixão reunitiva de cada ser em todos os seres (o sentimento do sagrado). O deus como nada-tudo de Fernando Pessoa, Teixeira de Pascoaes, Agostinho da Silva e Paulo Borges, sim, esse é um mistério. O deus cristão encontra-se em fase histórica moribunda. Dentro de dois ou três séculos a sua adoração será reduzida a uma seita europeia, vestida medievalmente, substituída pela adoração das forças da natureza, expressão do sentimento do sagrado devotado ao ser na fase adulta da humanidade. Falhadas as éticas cristã e mercantilista, violentadoras da natureza, devastadoras da Terra, barbaramente ungidas em sangue e carne do deus morto, nascerá uma ética natural, valorizadora de todos os seres sencientes. Terá então morrido o antropocentrismo cristão, nascerá o biocentrismo: o ser, enquanto figuração terrena, será respeitado na sua quididade, se não adorado.

Azenhas do Mar, Sintra, 31 de Agosto de 2011

[A ética do mal]

Era uma vez duas serpentes que não gostavam
uma da outra.
Um dia encontraram-se num caminho
muito estreito
e como não gostavam uma da outra
devoraram-se mutuamente.
Quando cada uma devorou a outra não ficou nada
[...]

Ana Hatherly

ÍNDICE ONOMÁSTICO

Agostinho, Santo, 60-64, 67, 77, 168
Aires, Matias, 135
Amélia, rainha D., 24
Anaxágoras, 59
Anselmo, Santo, 68-69, 77
Arendt, Hannah, 12, 73, 130, 132
Aristóteles, 59, 61-62, 67, 77, 81, 102-103, 138, 158

Bacon, Francis, 141
Boaventura, S., 81
Borges, Paulo, 79, 183
Bosch, 68
Bruno, Sampaio, 83, 161

Caeiro, António Castro, 103
Carlos, rei D., 24
Chardin, Teillard de, 82
Copérnico, 141

Damásio, António, 32-33

Demócrito, 59
Descartes, René, 69, 72, 77, 134-136, 141

Eichmann, Adolf, 13, 73
Einstein, Albert, 81-82
Empédocles, 59
Engels, Friedrich, 121
Epicuro, 59
Espinoza, Bento, 70, 82
Estaline, 61
Estóicos, 59

Feuerbach, Ludwig, 77
Foucault, Michel, 154
Freud, Sigmund, 37, 57, 72, 77-78, 82, 137, 180

Galileu, 141

Harvey, 141
Hatherly, Ana, 185

HEGEL, Georg Wilhelm Friedrich, 81, 83, 117, 157
HEIDEGGER, Martin, 57, 118, 157
HERACLITO, 59, 82
HITLER, 61, 160, 162
HOBBES, Thomas, 134-135
HUME, David, 78, 135

IRENEU DE LYON, S., 94-95

JOÃO DA CRUZ, S., 82
JOÃO PAULO II, 58, 66
JONSON, Ben, 133
JUNG, Carl Gustav, 64, 101

KANT, Emanuel, 30, 72-73, 78, 81, 130-131, 135, 180
KEPLER, Johannes, 141
KIERKEGAARD, Soren, 57, 118, 131

LEIBNIZ, Gottfried Wilhelm, 30, 72
LENINE, 61
LÉVY-STRAUSS, Claude, 37
LORENZ, Konrad, 73, 97, 180
LUÍS FILIPE, príncipe, 24

MAGNO, Carlos, 65
MALEBRANCHE, 30
MAQUIAVEL, 134
MARCEL, Gabriel, 118

MARX, Karl, 57, 61, 77, 121, 133, 157
MOLDER, Maria Filomena, 34
MONTAIGNE, 135
MORRIS, Desmond, 37
MUSSOLINI, 61

NAPOLEÃO, 61
NIETZSCHE, Friedrich, 57, 78, 131, 180

OCKAM, Guilherme d', 32, 39

PARMÉNIDES, 59
PASCAL, 68, 70, 72, 135-136
PASCOAES, Teixeira de, 79, 181
PESSOA, Fernando, 79, 183
PIAGET, Jean, 81
PITÁGORAS, 59, 81
PLATÃO, 53, 59, 61, 77, 81, 140
POPPER, Karl, 32-33

QUENTAL, Antero de, 25

RACINE, 133
RAWLS, John, 121
REGO, Teixeira, 37
ROUSSEAU, Jean-Jacques, 57, 72

SARTRE, Jean-Paul, 118, 157
SEARLE, John, 32
SENA, Jorge de, 22

SÉNECA, 173
SHAKESPEARE, William, 68, 133
SILVA, Agostinho da, 79, 183
SÓCRATES, 53, 59, 140
SOFISTAS, 59
SOROMENHO-MARQUES, Viriato, 87

TERESA DE CALCUTÁ, Madre, 160, 162

TOMÁS DE AQUINO, S., 65, 67, 77, 81
TORRICELLI, 141

VILHENA, Júlio, 24
VITÓRIA, rainha de Inglaterra, 136
VOLTAIRE, 134

WEBER, Max, 133